Couverture : *«Avion 3», 1893-1897, aéroplane de Clément Ader. Pour se consacrer à son rêve : vaincre la pesanteur, en s'inspirant du vol des oiseaux, l'ingénieur Ader construit entre 1882 et 1889 une première machine volante, l'Éole 1, qui parvient à quitter le sol. Cet «avion», néologisme d'Ader, devient après modification, l'Éole 2, endommagé lors d'essais en 1891. Ader, aidé par le ministère de la Guerre, entreprend alors la construction de l'«Avion 3». Achevé en 1897, il mesure 16 m d'envergure et repose sur trois roues. Son poids est de 258 kg à vide. Deux moteurs à vapeur de 20 ch, indépendants, actionnent chacun une hélice de 4 pales. Les ailes sont en soie et tiges de bambou. Les essais ont lieu en 1897 à Satory. L'avion parcourt quelques centaines de mètres, prend de la vitesse, les roues quittent le sol, mais le vent fait basculer l'avion qui atterrit ailes, roues et hélices brisées. Ader cesse ses recherches d'avionneur et donne en 1903 l'«Avion 3» au Conservatoire des arts et métiers. L'avion a été complétement restauré par les équipes du Musée de l'Air du Bourget.* © L. Bessol.

1. *Détail de l'atelier de fabrication des roues de voitures : courroies et poulies actionnant les maquettes de machines-outils, 1832-1840.* © L. Bessol.

Page 66 : *mécanisme de l'horloge monumentale réalisée par C. Detouche. Placé dans le vestibule du Musée, il actionnait le cadran de la façade du bâtiment, 1863.* © L. Bessol.

sommaire

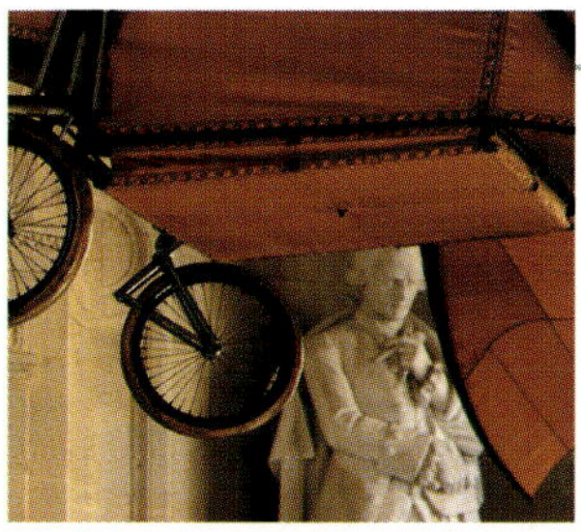

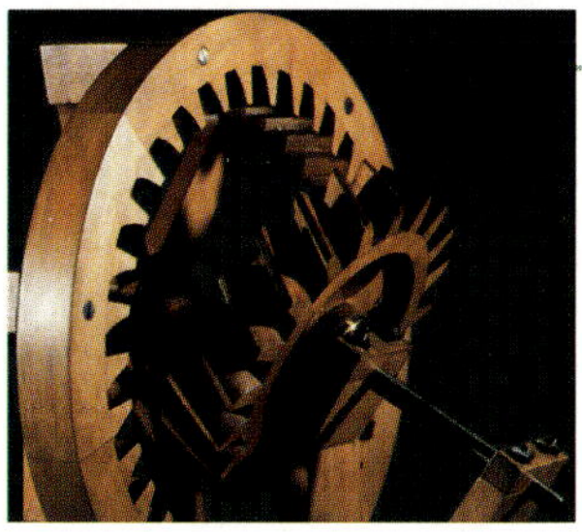

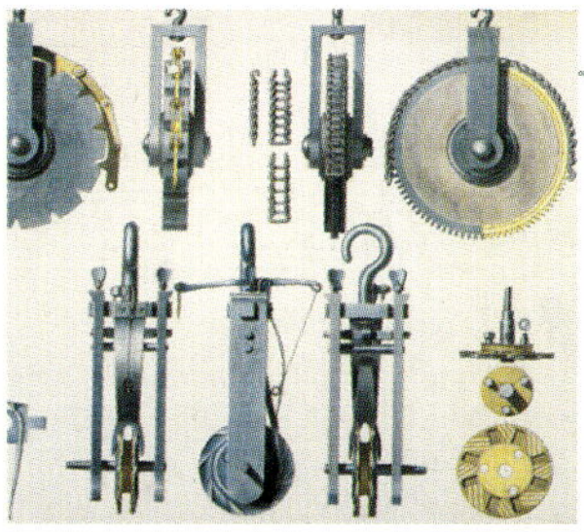

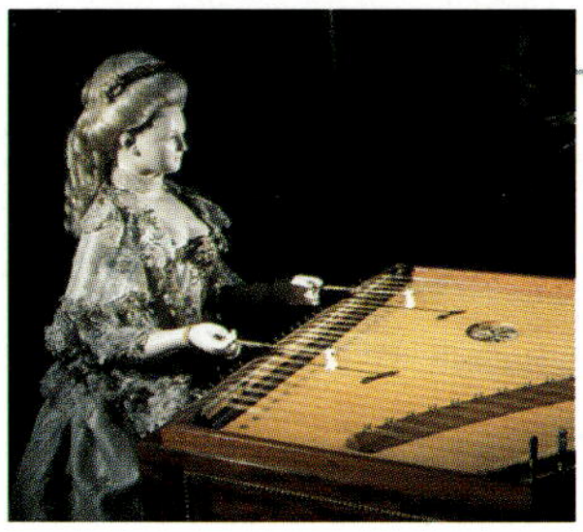

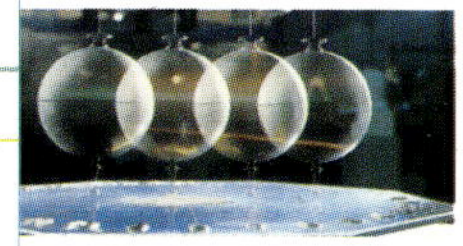

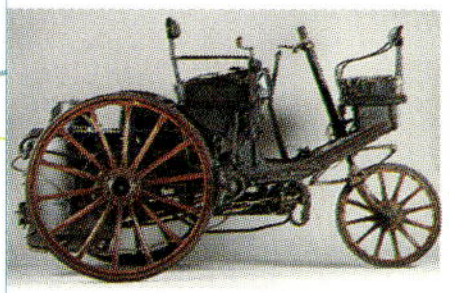

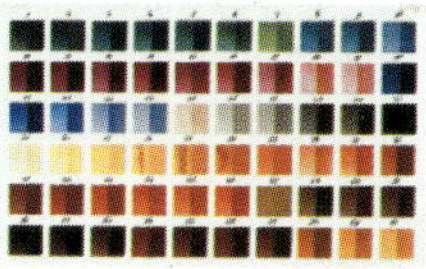

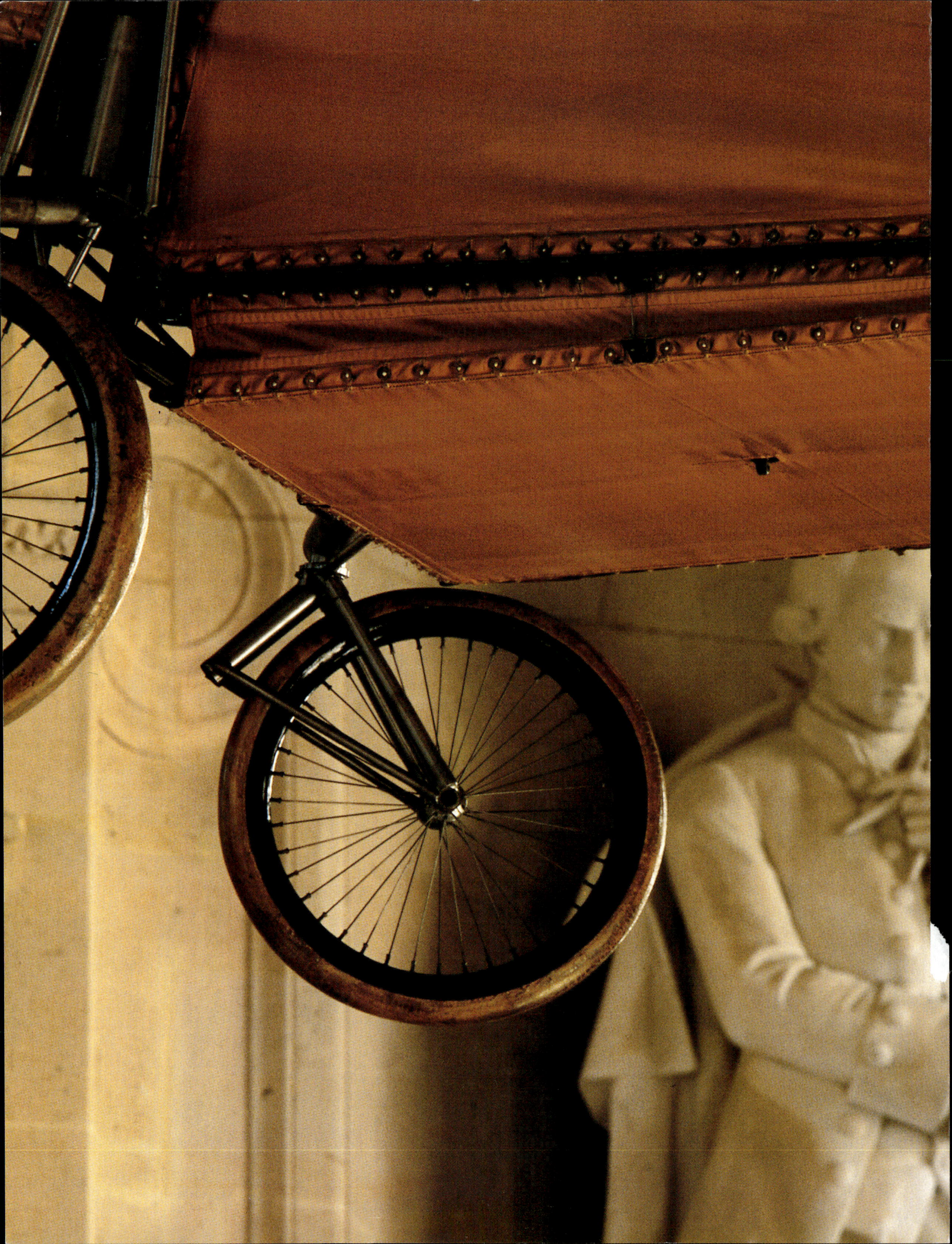

1

LE MUSÉE DES ARTS ET MÉTIERS

une renaissance

PAR DOMINIQUE FERRIOT	DIRECTRICE DU MUSÉE

« Tu es ici devant un temple nettoyé,
sans image ni fétiches; ici
tout porte la marque du génie,
l'utilité ici a atteint son sommet. »
August Strindberg

APRÈS DIX ANS DE TRAVAUX, LE MUSÉE DES ARTS ET MÉTIERS PROPOSE, DANS LE CADRE RÉNOVÉ DE L'ANCIENNE ABBAYE DE SAINT-MARTIN-DES CHAMPS, UNE NOUVELLE EXPOSITION PERMANENTE. CONÇUE COMME UN PARCOURS DANS L'HISTOIRE DE L'INNOVATION TECHNIQUE, ELLE POURRA SATISFAIRE LA CURIOSITÉ DU VISITEUR ET SON DÉSIR D'APPRENDRE, EN LUI FAISANT DÉCOUVRIR, OU REDÉCOUVRIR, LES PIÈCES MAJEURES D'UNE IMMENSE COLLECTION, DANS UN LIEU QUI A SU CONSERVER TOUTE SA MAGIE.

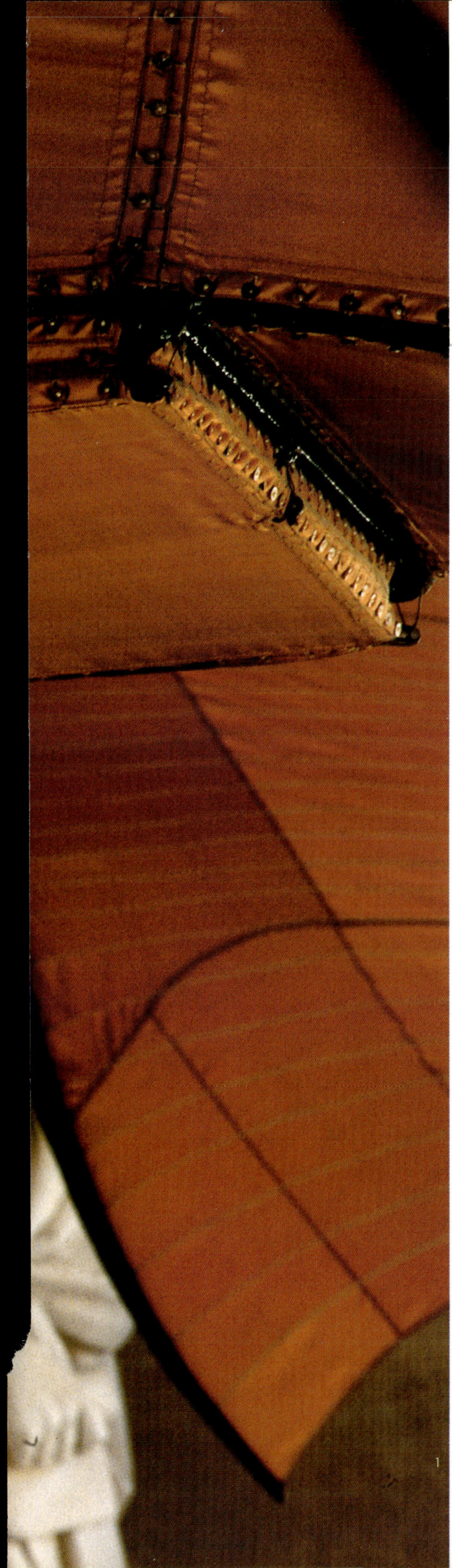

1

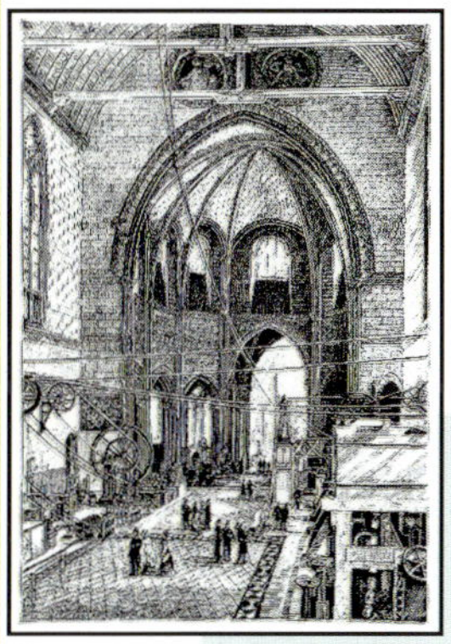

2

1. Détail de ***l'Avion de Clément Ader (1897) dans l'escalier d'honneur du Musée. À l'arrière-plan, le mécanicien Jacques Vaucanson.*** © L. Bessol.

2. ***La chapelle en 1880, «musée des machines en action», illustration parue dans*** **la Nature.**

3. ***Le prieuré de Saint-Martin-des-Champs, lieu de culte important au Moyen Âge.***

4. ***L'église de Saint-Martin-des-Champs devenue Musée des techniques.***

5. ***«Le grenier des découvertes». Vue des combles avant la rénovation du Musée.*** © P. Dolémieux/Métis CNAM.

6. ***Vitrine donnée par Émile Gallé en 1905; un rail court dans le parquet, il servait à transporter les objets vers les amphithéâtres pour les démonstrations.*** © P. Dolémieux/Métis CNAM.

7. ***«Lion et serpent» par Lambour, œuvre en verre filé présentée à l'Exposition universelle de 1855.*** © P. Dolémieux/Métis CNAM.

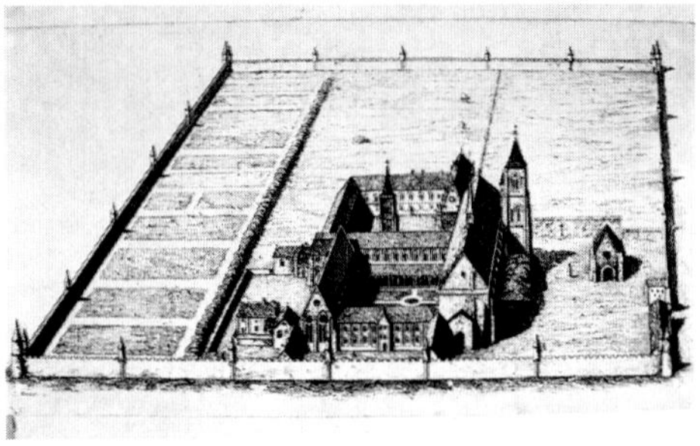

3

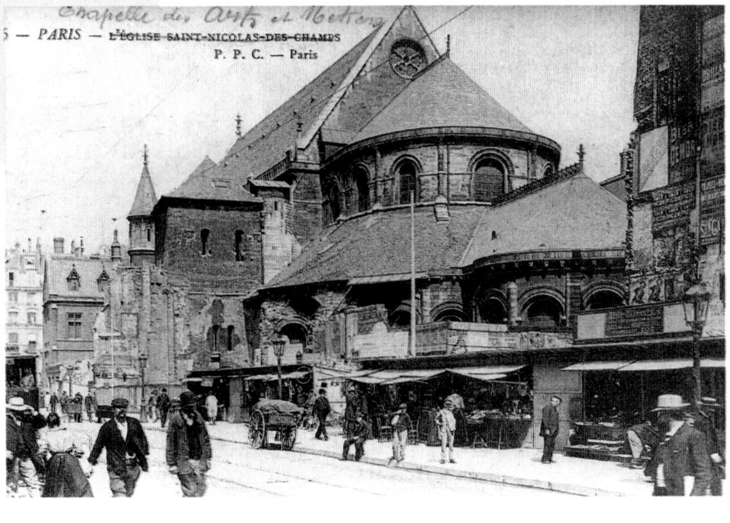

4

1794. Henri Grégoire, prêtre jureur, député à la Convention, propose la création d'un «Conservatoire pour les arts et métiers où se réuniront tous les outils et machines nouvellement inventés ou perfectionnés». Il s'agit d'éveiller la curiosité et de contribuer à former les artisans en leur permettant de «copier les bons modèles». D'où l'idée d'un lieu de conservation et de démonstration des machines, modèles, outils, descriptions et livres pouvant servir à «perfectionner l'industrie nationale». Ce lieu, ce sera l'ancienne abbaye de Saint-Martin-des-Champs, affectée le 10 juin 1798 au Conservatoire des arts et métiers, vocation qui sauvera l'édifice d'une destruction annoncée. L'église allait ainsi devenir le temple d'une nouvelle religion, celle du progrès. L'origine de la collection remonte aux machines léguées par le mécanicien Jacques Vaucanson (1709-1782) au roi Louis XVI. Aux «machines pour faire la chaîne» ou au «métier pour fabriquer les étoffes de soie», s'ajouteront vite le fardier de Cugnot, première «automobile» à vapeur qui quitte l'Arsenal en 1800 pour le Conservatoire, les horloges marines de Ferdinand Berthoud ou les trésors des cabinets de physique de Charles et de l'abbé Nollet. Parmi les dons de l'Académie des sciences se retrouvent les instruments du laboratoire de Lavoisier ou *la Joueuse de tympanon*, automate ayant appartenu à la reine Marie-Antoinette. Avec les sphères célestes de Bürgi ou les machines à calculer de Pascal, ces pièces uniques font partie des «incunables» de la collection des Arts et Métiers. Tout au long du XIXe siècle, une tradition de dépôt d'œuvres originales et une politique volontariste d'acquisition, notamment à l'occasion des expositions universelles, permettent à l'institution de jouer pleinement son rôle éducatif et récréatif. Le public vient, le dimanche, voir tourner les machines et bientôt, après l'installation du pendule de Léon Foucault, «voir tourner la terre». En 1909, l'avion de Louis Blériot, celui de la première traversée de la Manche, fait une entrée solennelle au Conservatoire devenu le Panthéon des techniques. Avec l'Avion 3 de Clément Ader (1897), le pantélégraphe de Caselli,

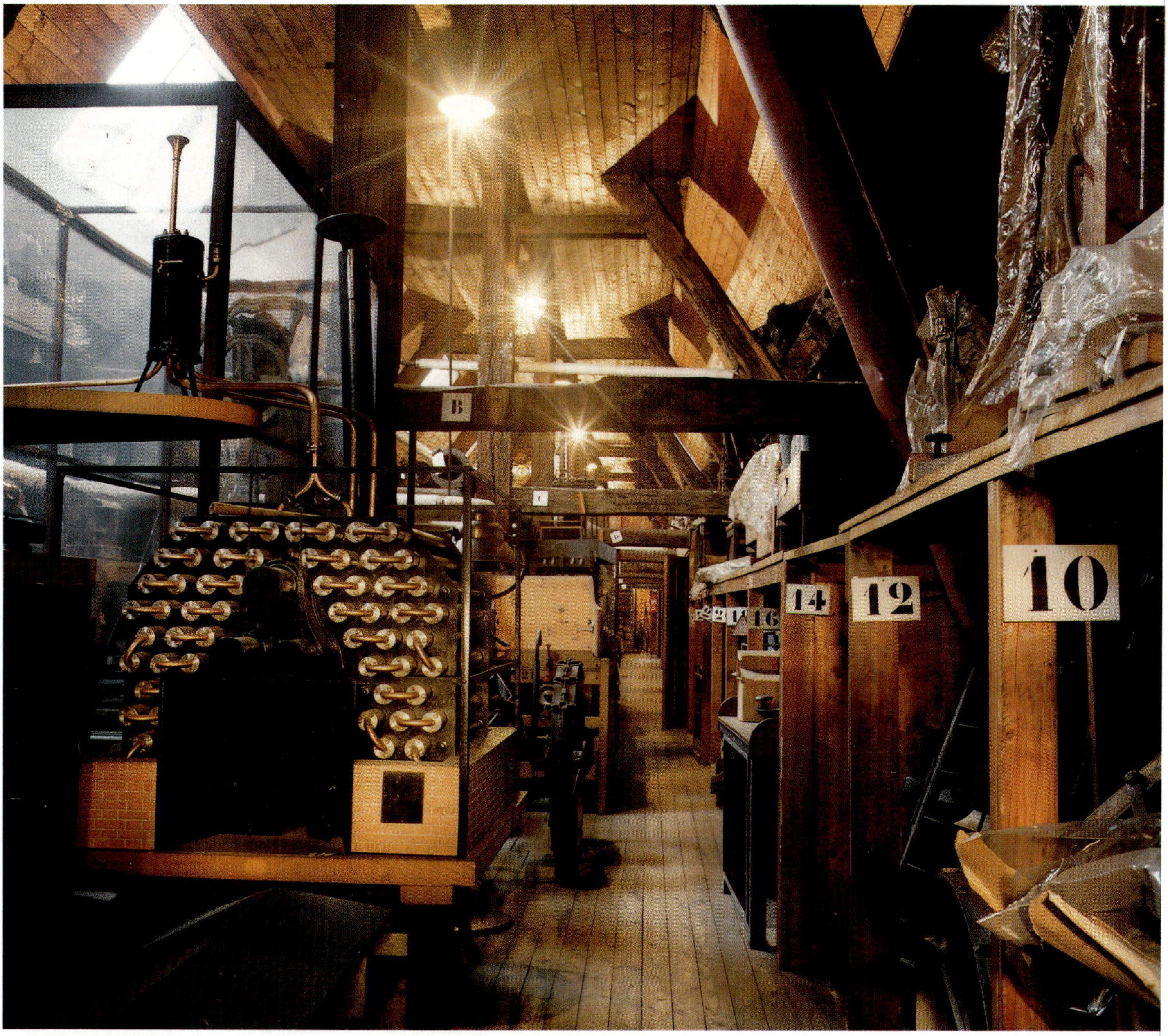

5

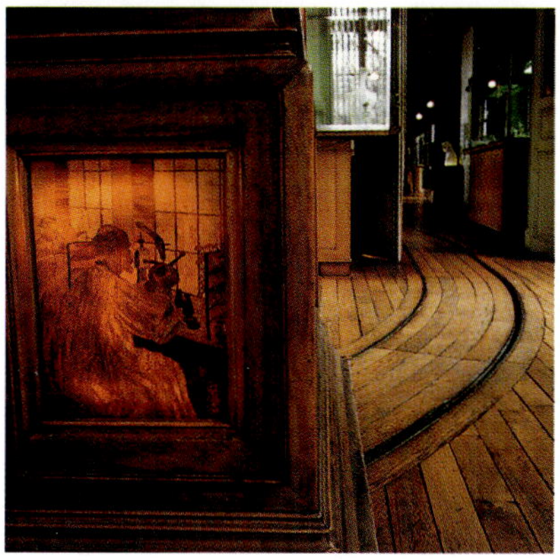

6

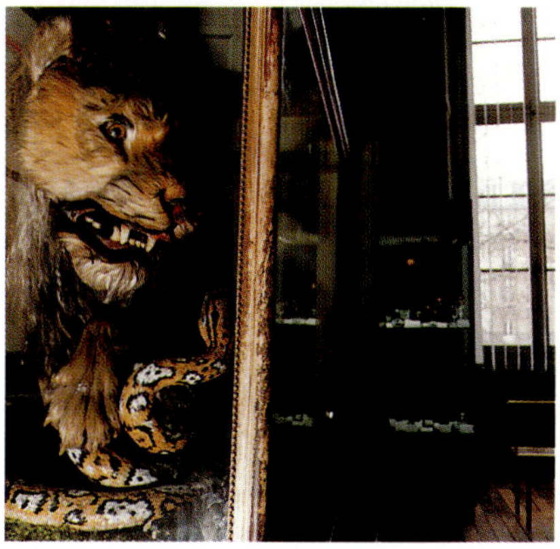

7

« On se serait cru dans un conte d'Hoffmann. Du soleil sur les parquets, le temps aboli et pourtant indiqué avec minutie par ces sonneries légères et non concordantes. »

Julien Green

ancêtre du fax, la caméra des frères Lumière (1895) ou les impressionnantes séries d'œuvres données par de grands créateurs tel Émile Gallé, le Musée des arts et métiers s'affirme comme un lieu incontournable pour illustrer l'innovation technique et l'ingéniosité des hommes.
L'âge d'or de la mécanique est aussi celui du musée. Au début du XXe siècle, l'enseignement devient plus abstrait, les rails qui courent le long des parquets et qui permettaient aux démonstrateurs de conduire les objets jusqu'aux amphithéâtres perdent leur utilité. Le «musée des machines en action» devient progressivement un lieu immobile et quelque peu étrange qu'affectionnent des promeneurs émerveillés. Parmi eux, Julien Green (*Paris*), Hector Bianciotti (*Sans la miséricorde du Christ*), Umberto Eco dont *le Pendule de Foucault*, paru en 1988, donne une popularité nouvelle à un lieu prestigieux mais peu fréquenté. Comme au temps des Lumières où un abbé non-conformiste décidait dans l'urgence de la transformation d'un lieu de culte en entrepôt de machines nouvelles, il fallait un programme énergique pour redonner vie à une collection oubliée et renouer avec une tradition d'innovation et de modernité qui reste celle du Conservatoire. Grâce à la volonté et à la clairvoyance de quelques uns et parmi eux, Émile Biasini et Pierre Piganiol, un concours est lancé, dans le cadre des grands travaux de l'État, pour la rénovation du musée. Parallèlement, l'inventaire informatisé de la collection (80 000 objets, 15 000 dessins) est achevé, la restauration de plusieurs séries d'œuvres menée à bien, la création d'un nouveau bâtiment pour les réserves du musée entreprise. Les réserves dans un musée constituent la partie immergée de l'iceberg, les coulisses sans lesquelles aucune activité à long terme, et notamment une politique d'acquisition, n'est possible. Le bâtiment construit à Saint-Denis par l'architecte François Deslaugiers donne aux objets un lieu de vie et aux chercheurs un lieu d'étude. Accueillis régulièrement par une équipe de documentalistes, restaurateurs et photographes, ceux-ci ont apprivoisé ce nouvel outil de recherche pour l'histoire des techniques.

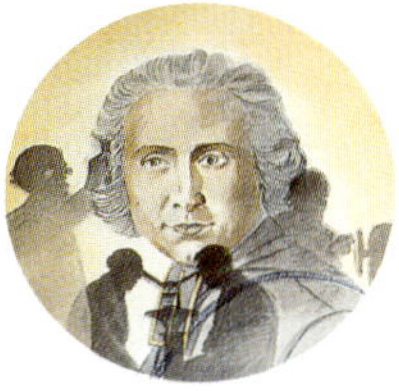

8

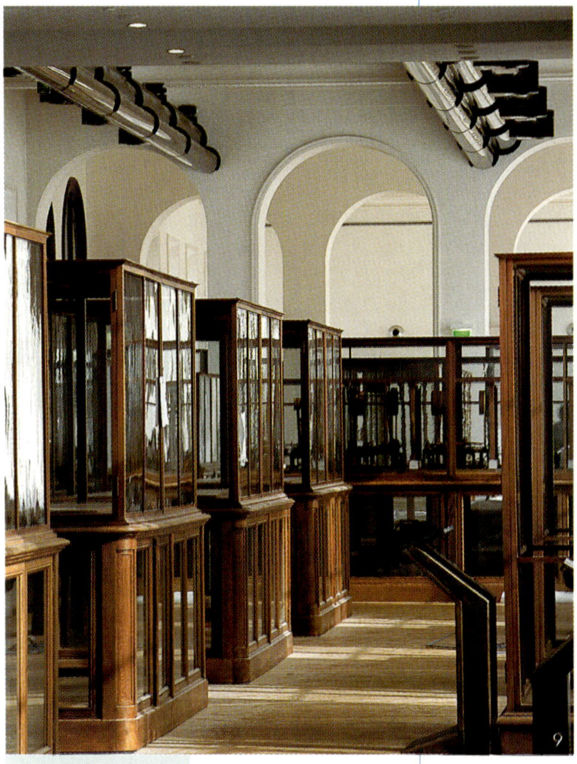

8. ***En médaillon, pour une vitrine du métro Arts et Métiers, l'abbé Grégoire, fondateur du Conservatoire des arts et métiers.***

9. ***Les vitrines anciennes, restaurées, retrouvent leur place dans la salle de la mécanique.*** © L. Bessol, 1999.

10. ***En laiton et en verre, les nouvelles vitrines dessinées par l'architecte de la rénovation, Andrea Bruno.*** © L. Bessol, 1999.

Un parcours dans l'histoire de l'innovation technique

À Paris, après une fermeture nécessaire pour les travaux de rénovation, le Musée des arts et métiers rouvre dans ses bâtiments historiques, rue Réaumur, en proposant une nouvelle exposition permanente conçue comme un parcours dans l'histoire des techniques et celle de la collection. L'architecte maître d'œuvre, Andrea Bruno, a choisi de réhabiliter les combles devenus le lieu de présentation de l'instrument scientifique. Des instruments de la science (appareils à mesurer le temps, l'espace, instruments mathématiques), le visiteur passe aux matériaux et à leur élaboration (textile, céramique, verre, métallurgie, nouveaux matériaux) puis à la construction et aux travaux publics avant de découvrir le vaste domaine de la communication (des arts graphiques à la micro-informatique en passant par la photographie, la radio, le cinéma, la télévision). Le domaine de l'énergie (de la vapeur aux énergies renouvelables) retrouve une salle historique traitée muséographiquement avec un grand respect de l'esprit des lieux (couleur des murs, style des vitrines). La mécanique fait place à l'émerveillement avec le théâtre des automates. Le domaine des transports (des premiers véhicules aux transports

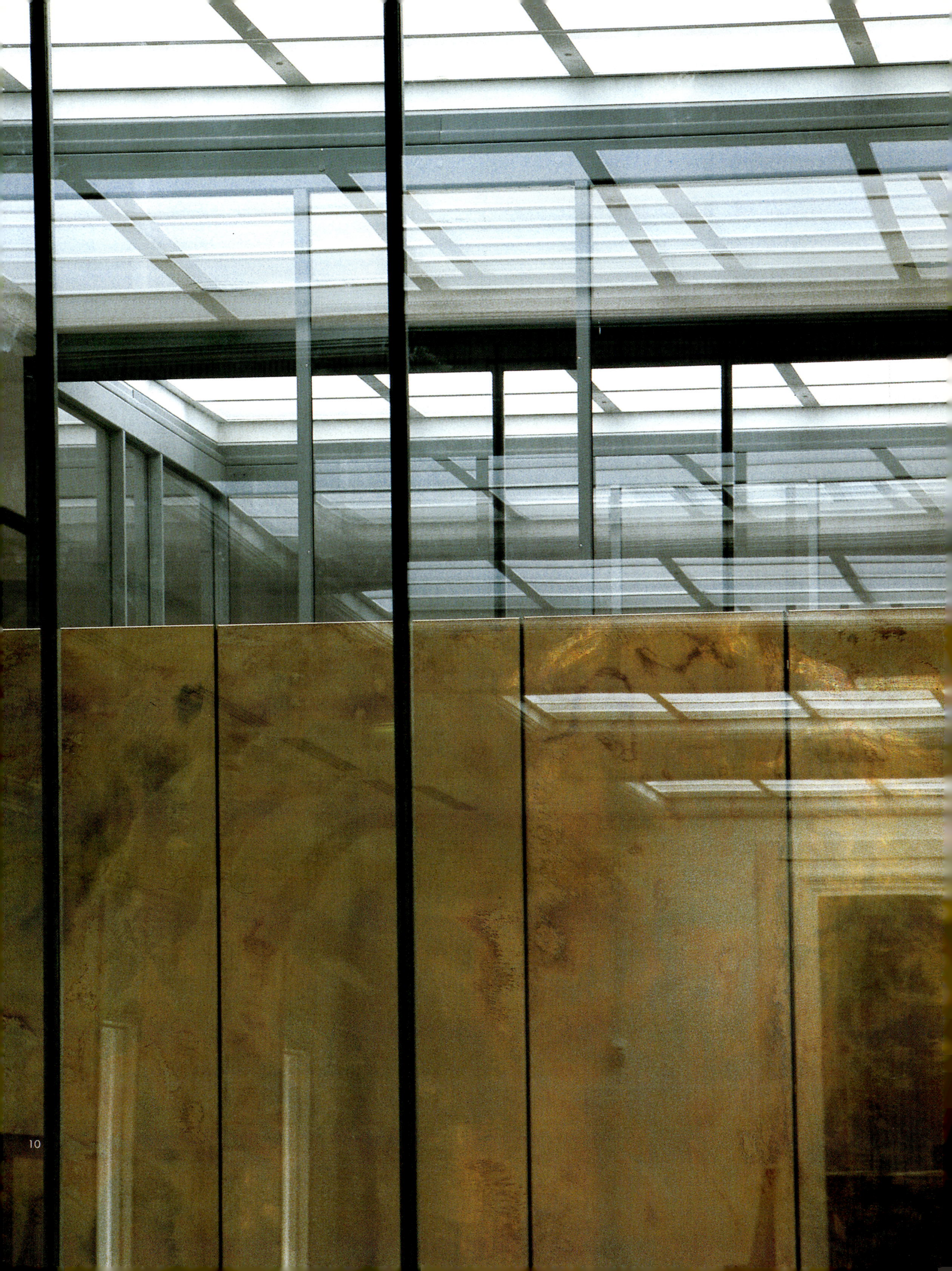

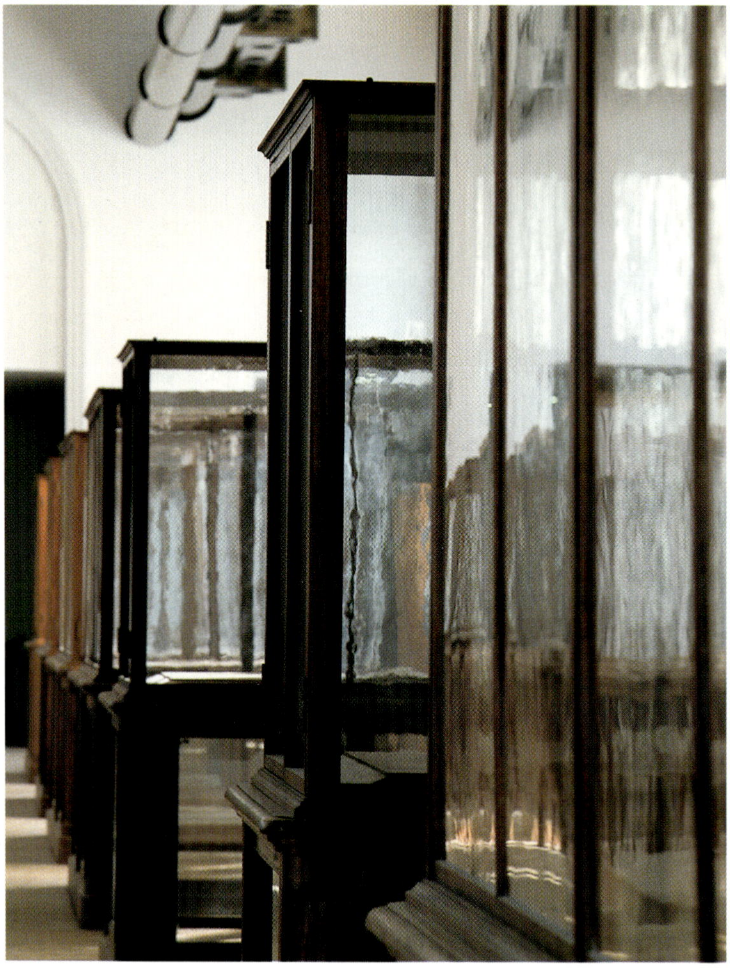

11

intermodaux) conduit à la chapelle où sont présentés les objets les plus volumineux. Si les objets originaux sont pour une large part présentés dans des vitrines, des ateliers, un par domaine d'exposition, permettent à un public curieux de manipuler les modèles et de réaliser des expériences. Des albums illustrés ou des audiovisuels interactifs, en français et en anglais, donnent l'occasion d'approfondir ses connaissances. La période contemporaine de l'exposition permanente (après 1950) fait une place aux métiers et aux formations qui y conduisent dans un dispositif baptisé «kiosque» conçu avec les organismes professionnels.

La muséographie veut faciliter l'exercice de la mémoire mais aussi celui de l'imagination. Outil de culture technique, le Musée est un lieu d'éducation mais aussi et peut-être d'abord le lieu d'une émotion, celle qui nous fait retrouver, enfouie au cœur des mécanismes, la créativité d'hommes et de femmes qui nous font partager leur aventure, leurs échecs et leurs réussites.

Ainsi, à travers un parcours chronologique jalonné de quelque 150 objets phares dotés d'un dispositif d'animation particulier, de nouveaux publics peuvent se familiariser avec l'objet technique, comprendre les raisons et les moyens d'une innovation, la replacer dans son contexte social, économique, politique (l'horloge marine et les grandes découvertes, la concurrence entre la route et le rail, l'utilité des grands instruments scientifiques aujourd'hui).

Le cadre architectural de l'ancienne abbaye de Saint-Martin-des-Champs représente une contrainte (l'ensemble des bâtiments antérieurs au XXe siècle est classé monument historique) en même temps qu'une richesse. Des anciens bâtiments conventuels, seule demeure, accessible au grand public, l'église restaurée au XIXe siècle par Vaudoyer et Ancelet. Les galeries d'exposition des modèles sont principalement l'œuvre de Léon Vaudoyer, architecte du Conservatoire de 1838 à 1872. Celui-ci crée une nouvelle entrée, ajoute un bâtiment pour la collection de dessins dite «portefeuille industriel» et ne cesse de perfectionner son œuvre qui reste pourtant inachevée.

11. ***Les gaines d'aération, en laiton, se marient aux anciennes vitrines en bois dans des salles dotées d'une nouvelle clarté.***
© L. Bessol.

12. ***Le métro Arts et Métiers (ligne 11), une station carrossée en cuivre, dessin de François Schuiten, 1994.***

13. à 19.
Des aménagements nouveaux dans un lieu de mémoire; l'architecte Andrea Bruno garde les rails du XIXe siècle mais dote le Musée d'équipements modernes adaptés au nouveau parcours.
© L. Bessol.

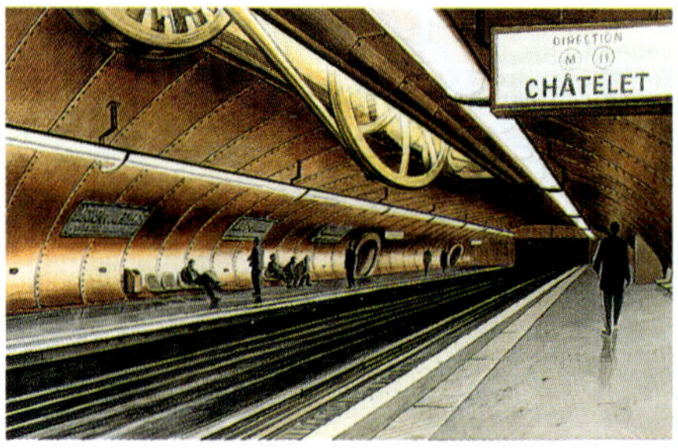

12

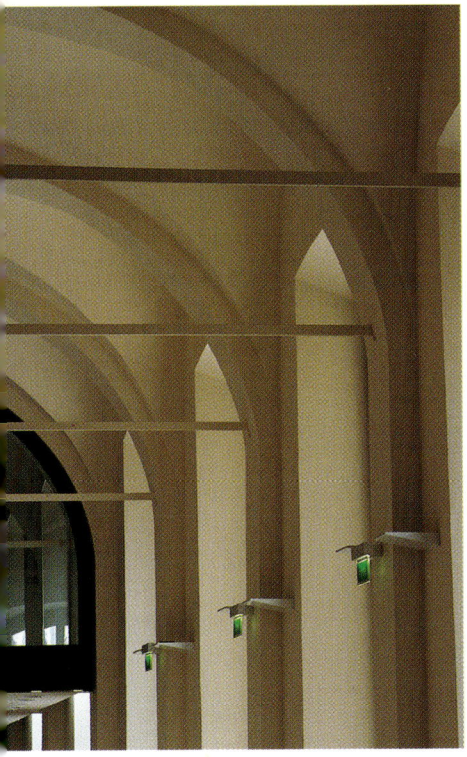

13

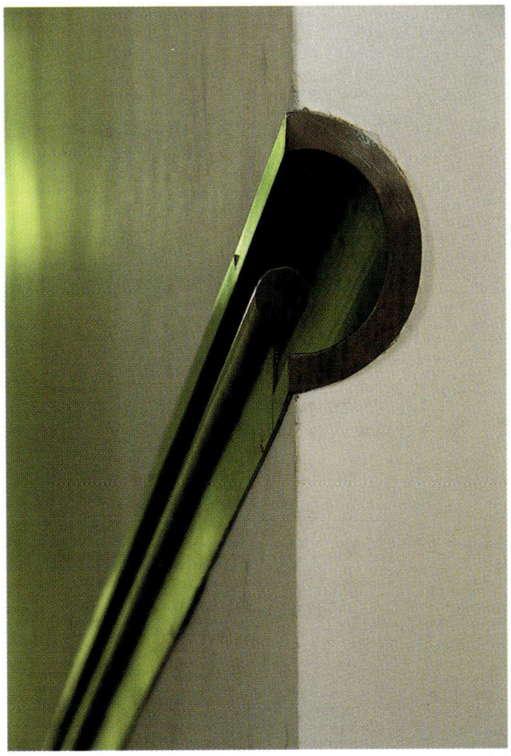

14

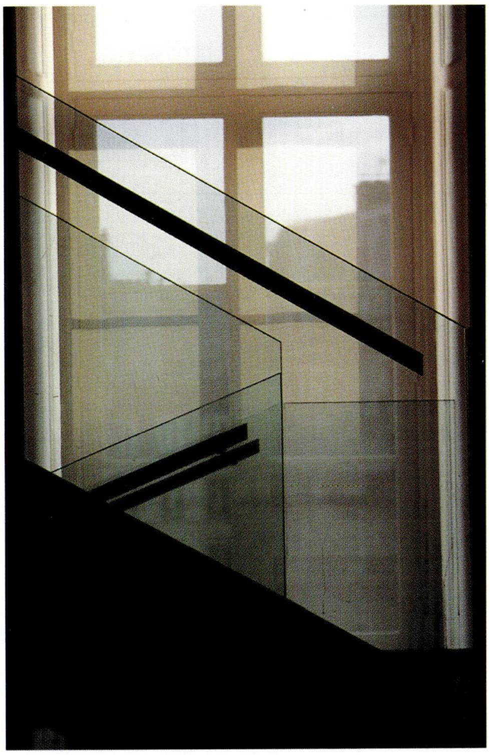

15

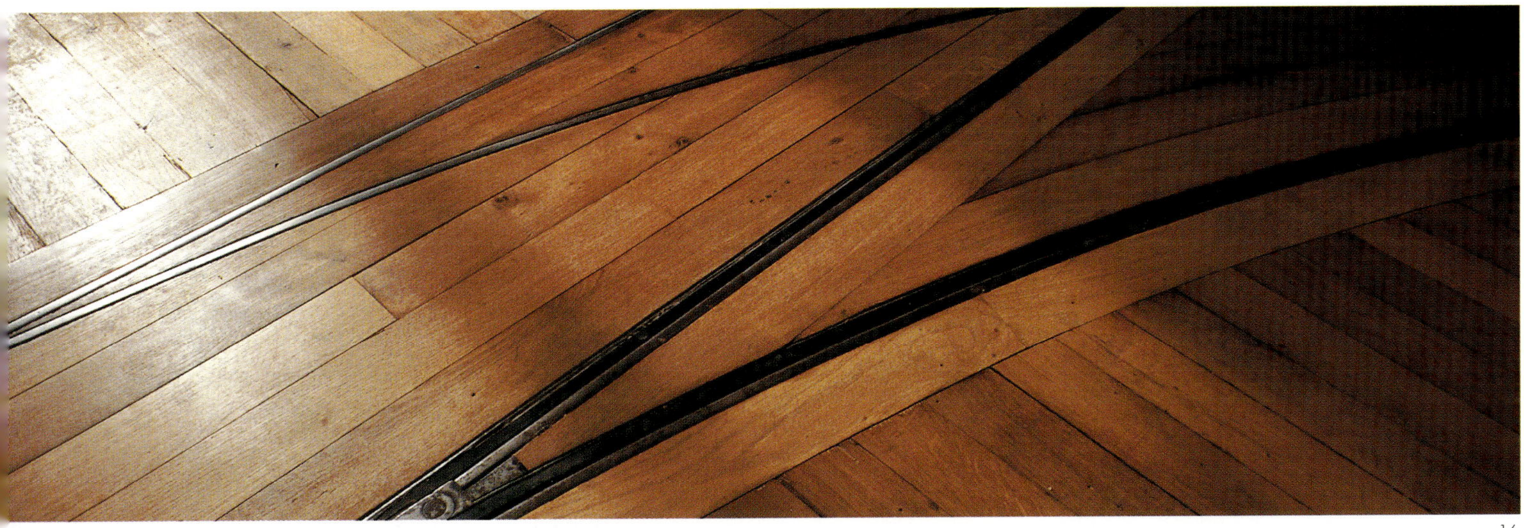

16

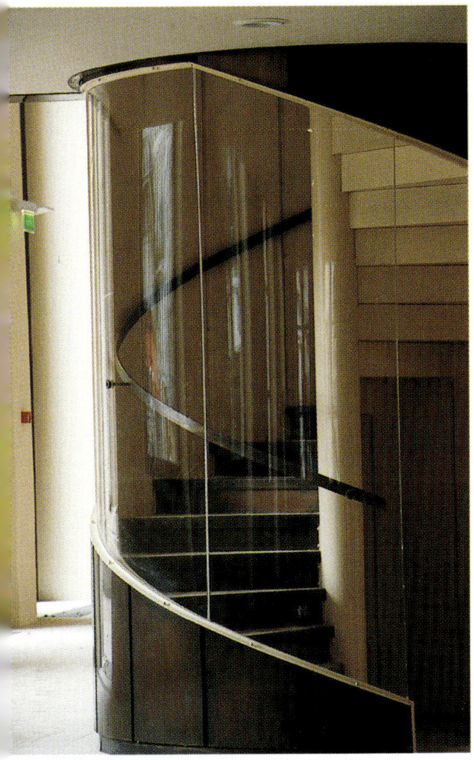

17

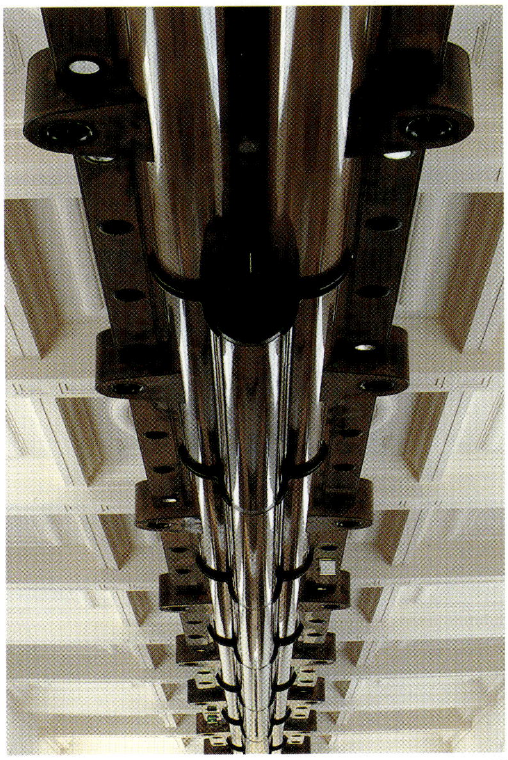

18

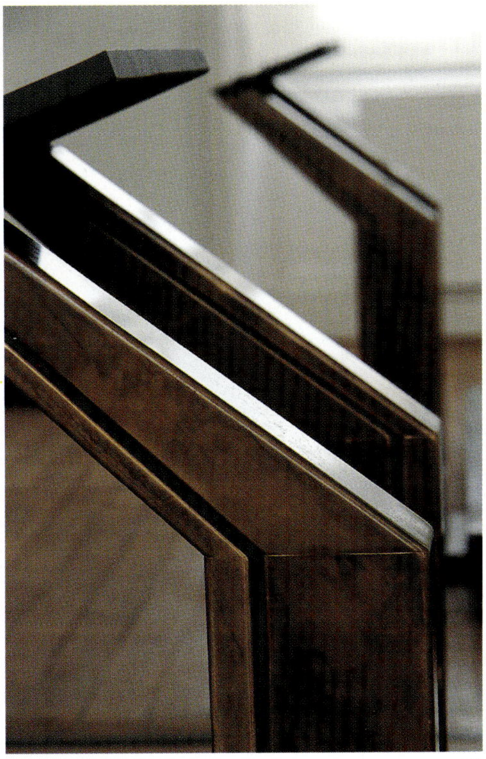

19

20. et 21. ***Maquette d'un immeuble en construction de Desplanques, rue de Rivoli à Paris*, 1879.**
Domaine Construction.
© P. Faligot.

22. ***Maquette pour la construction de la* Statue de la Liberté *de Bartholdi, entrée dans les collections du Musée en 1908.***

23. ***Maquette de l'échafaudage construit en 1811 pour la pose de la coupole de la Halle au blé à Paris.***
Domaine Construction.
© L. Bessol.

24. ***Vase urne à fond bleu par* Émile Gallé, 1889.**
© Fondation Paribas/ H. Maertens.

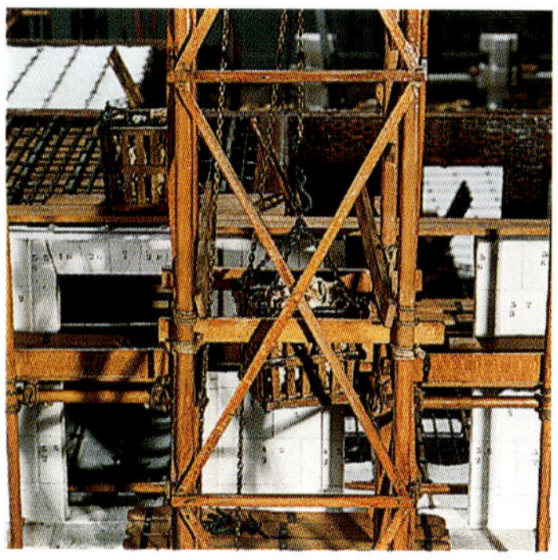
20

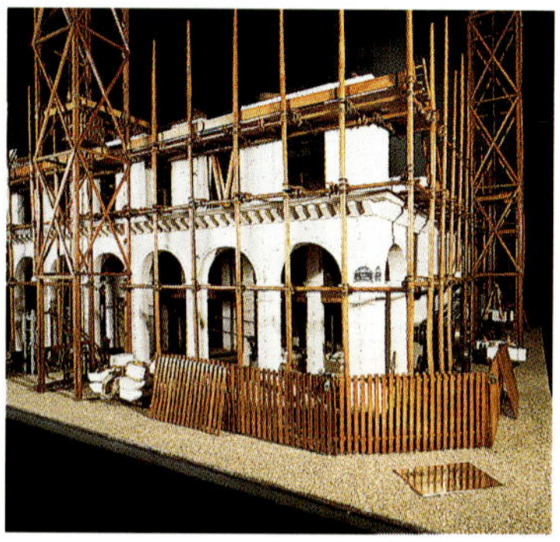
21

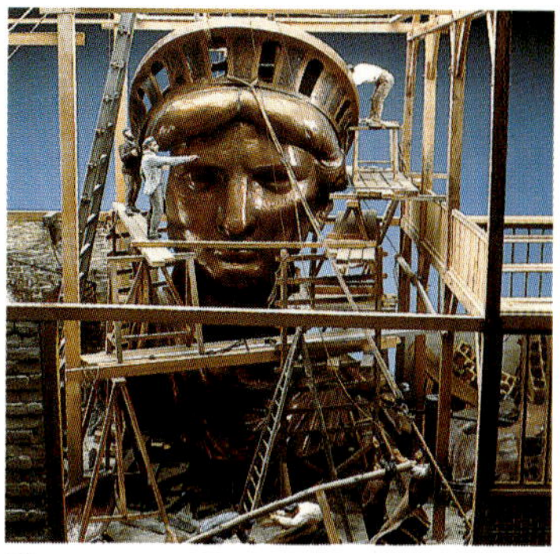
22

Le parti pris aujourd'hui par l'architecte de la rénovation, Andrea Bruno, tend à respecter l'esprit des différentes époques (le volume des espaces, le rail dans le parquet, certaines des vitrines anciennes) tout en proposant des ajouts significatifs notamment les gaines de traitement d'air, en laiton, et la réalisation d'un nouvel espace d'accueil. Le visiteur du Musée est introduit à notre univers de machines par le nouvel aménagement de la station de métro Arts et Métiers dû à François Schuiten. Entièrement carrossée en cuivre, la station de la ligne 11 prend l'allure d'un Nautilus souterrain. Par les hublots-vitrines, l'on découvre des maquettes représentatives des domaines de l'exposition permanente (sphère armillaire, pont Antoinette, engrenages, modèle de convertisseur, maquettes du dirigeable «L'Avisol», de la nouvelle rame de métro «Météor» ou du moteur Vulcain d'Ariane 5).
Le parvis d'entrée au Musée, dans le square du général Morin, derrière le chevet de l'église, permet un accès facile à des espaces entièrement rénovés. Il faut monter dans les étages supérieurs pour commencer la visite de l'exposition permanente conçue comme un parcours chronologique et pédagogique.
Des démonstrateurs sont présents dans les salles et renouent avec la vocation d'enseignement qui est celle du Conservatoire depuis sa fondation.
Un centre de documentation accessible à tous les publics donne à ceux qui le souhaitent les moyens d'approfondir leur connaissance des objets de la collection. Les éditions du Musée

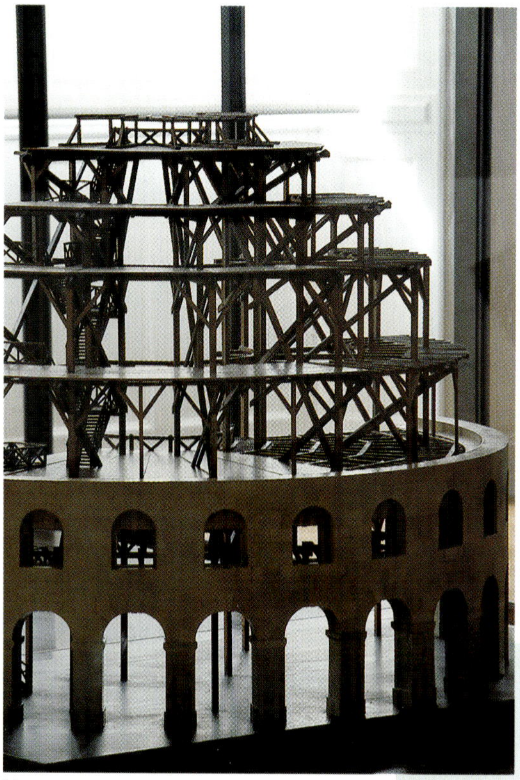
23

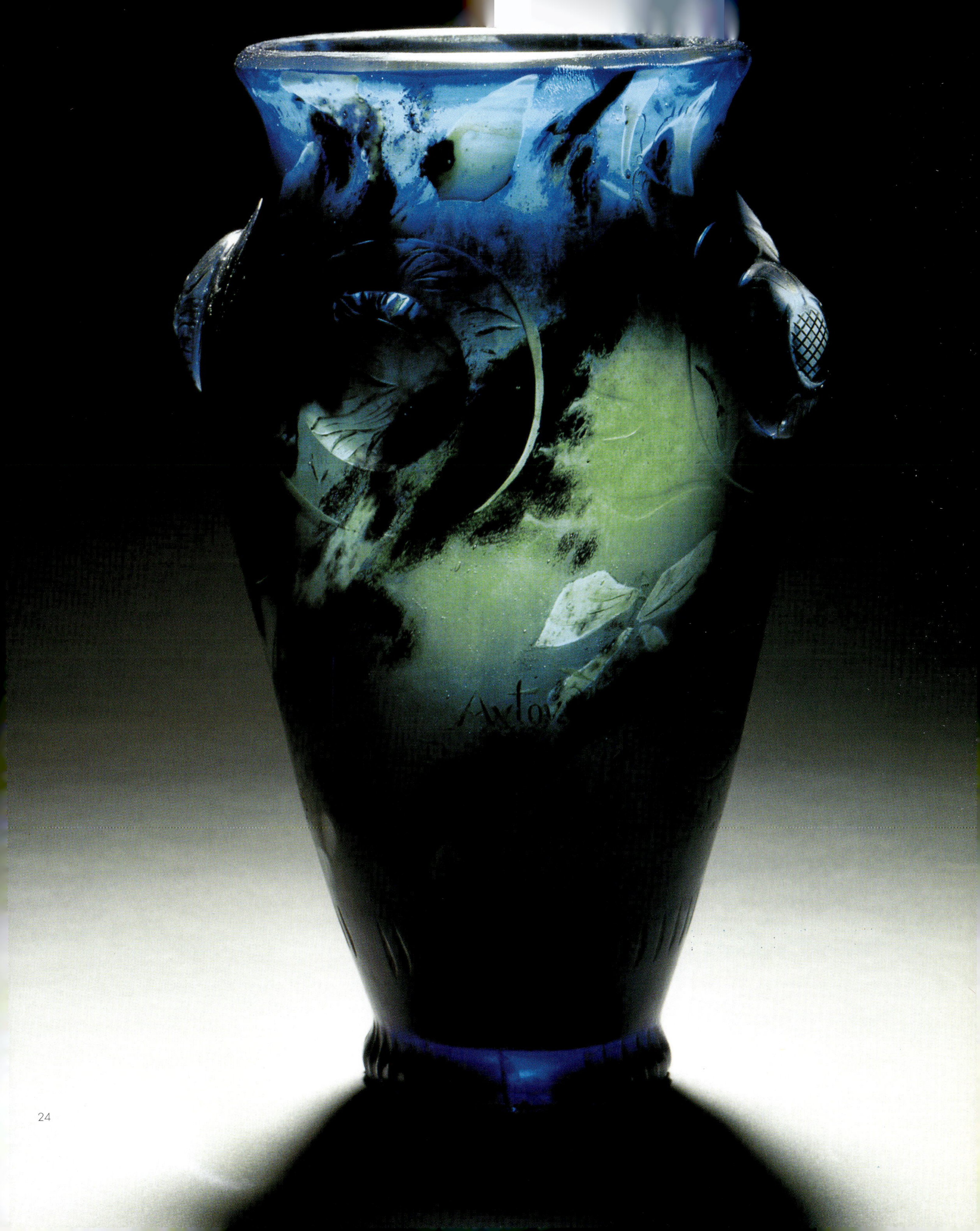

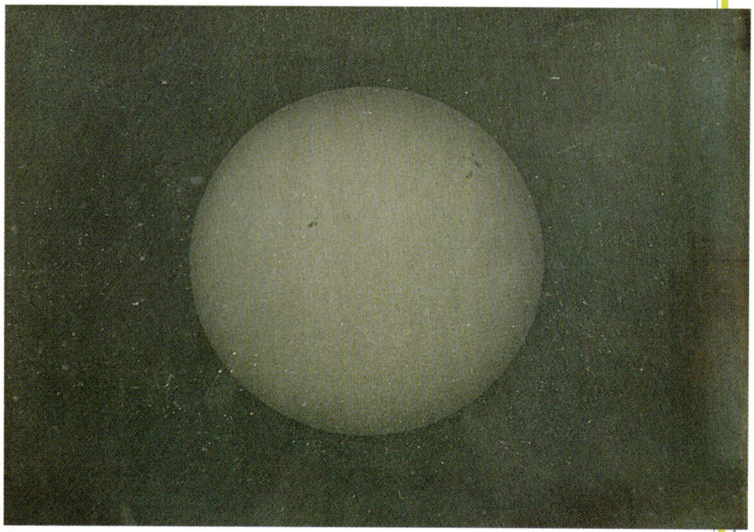

25

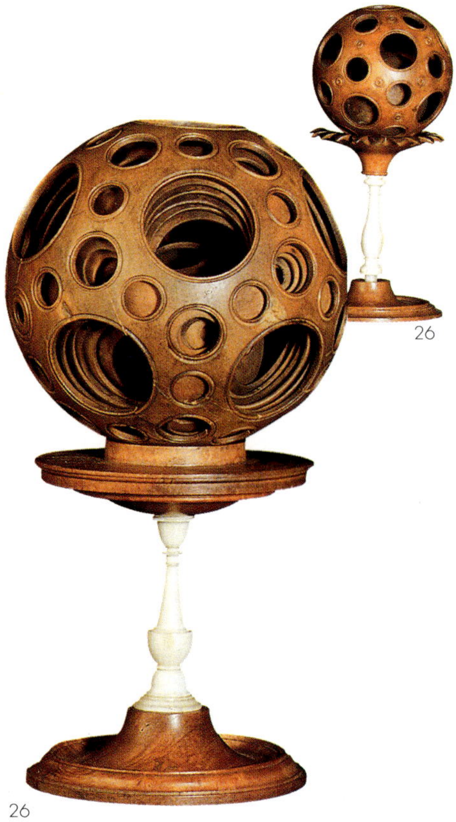

26

25. ***Daguerréotype du soleil, par Foucault et Fizeau, 1845.*** Domaine Communication

26. ***Sphères concentriques de François Barreau, fin XVIIIe,*** ivoire et bois. Domaine Mécanique. © C. Le Toquin.

27. ***Sphère de Bürgi, sphère céleste mue par un mouvement d'horlogerie,*** **vers 1850.** Domaine Instrument scientifique. © P. Faligot.

28. ***Cadran solaire de Benjamin Scott,*** **vers 1715.** Domaine Instrument scientifique. © Fondation Paribas/ H. Maertens.

29. ***Astrolabe de Gualterus Arsenius,*** **1569.** Domaine Instrument scientifique.

30. ***Lentille à échelons de Fresnel, 1866.*** Domaine Instrument scientifique. © Fondation Paribas/ H. Maertens.

(revue trimestrielle, carnets pédagogiques, cédéroms, site web) contribuent à cet enrichissement. Dans la rubrique «collections» du site web sont notamment consultables les fiches d'inventaire de tous les objets y compris ceux qui restent dans les réserves. Ainsi cherche-t-on à conserver l'émotion ou la délectation qui font partie du plaisir de la visite avec l'éducation et la pratique qu'exige la meilleure maîtrise d'une nécessaire culture technique.

Une chapelle pour les arts et métiers

«On entre et on se trouve ébloui par cette conjuration qui réunit l'univers supérieur des ogives célestes et le monde chtonien des dévoreurs d'huiles minérales» (Umberto Eco, *le Pendule de Foucault*, 1988). On entre aujourd'hui dans l'église par le déambulatoire pour découvrir dans les chapelles rayonnantes l'histoire de Saint-Martin-des-Champs, celle de la fondation du Conservatoire et des relations entre musée et enseignement. La restauration de l'édifice a permis, grâce aux fouilles archéologiques menées sur le site, de mettre au jour les vestiges d'une église funéraire dédiée à Saint-Martin datant du VIe siècle. La densité des sépultures et des sarcophages en pierre et en plâtre retrouvés atteste de l'importance de ce lieu de culte à l'époque mérovingienne. Détruite lors des invasions normandes au IXe siècle, l'abbaye est refondée en 1060 par Henri Ier. Placé sous la dépendance de Cluny, le prieuré de Saint-Martin-des-Champs devient un monastère renommé et prospère. Transformée au cours des siècles, l'église se voit dotée au XVIIe siècle d'un maître-autel dû à François Mansart dont les fondations ont été également retrouvées lors des fouilles de sauvetage entreprises en 1993.
Mais le XIXe siècle reste la grande époque d'une chapelle devenue «musée des machines en action». Les contemporains s'émerveillent comme Gaston Tissandier dans *la Nature* (1880) ou se déclarent horrifiés tel August Strindberg découvrant avec effarement dans «l'église devenue entrepôt» la statue de

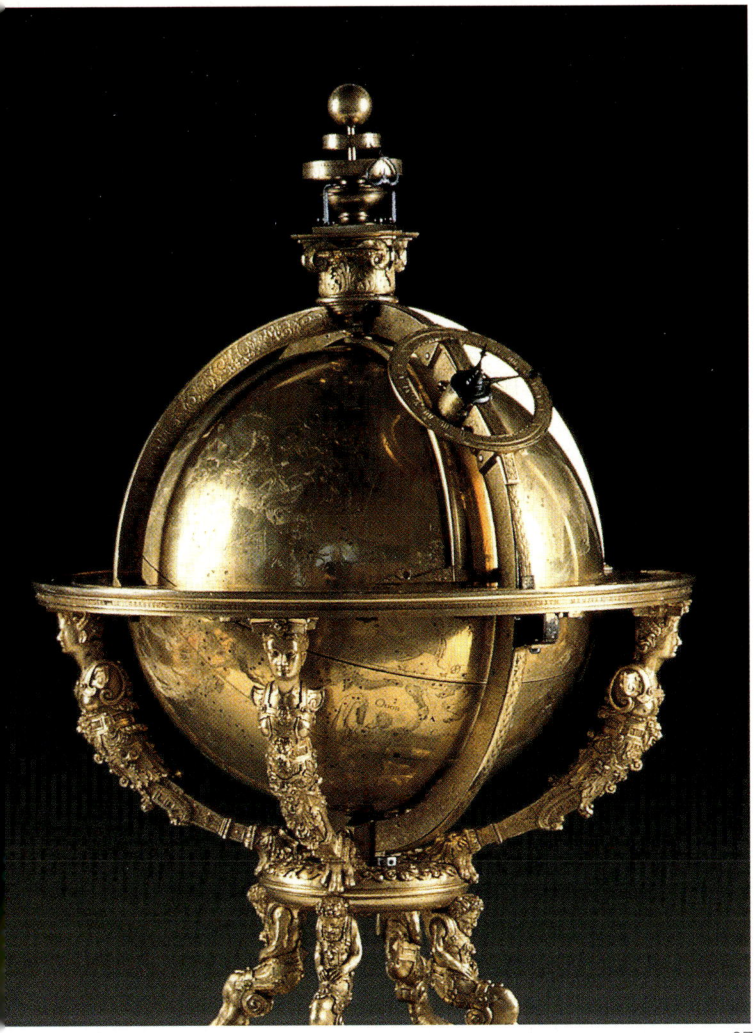

27

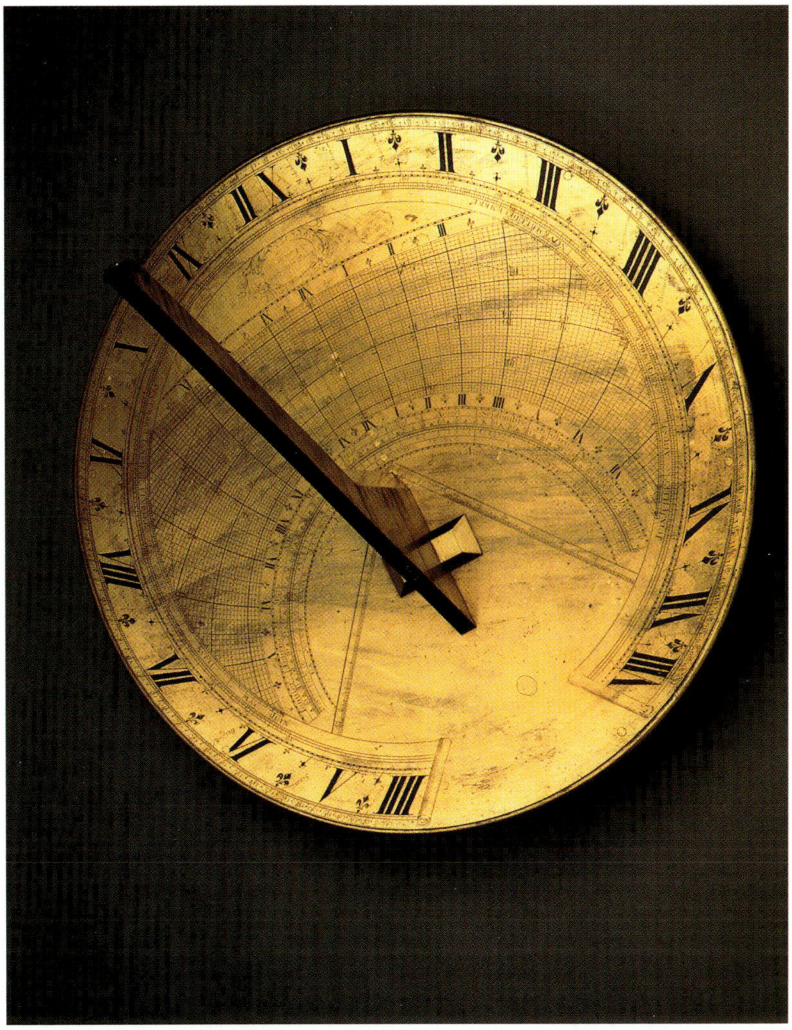

28

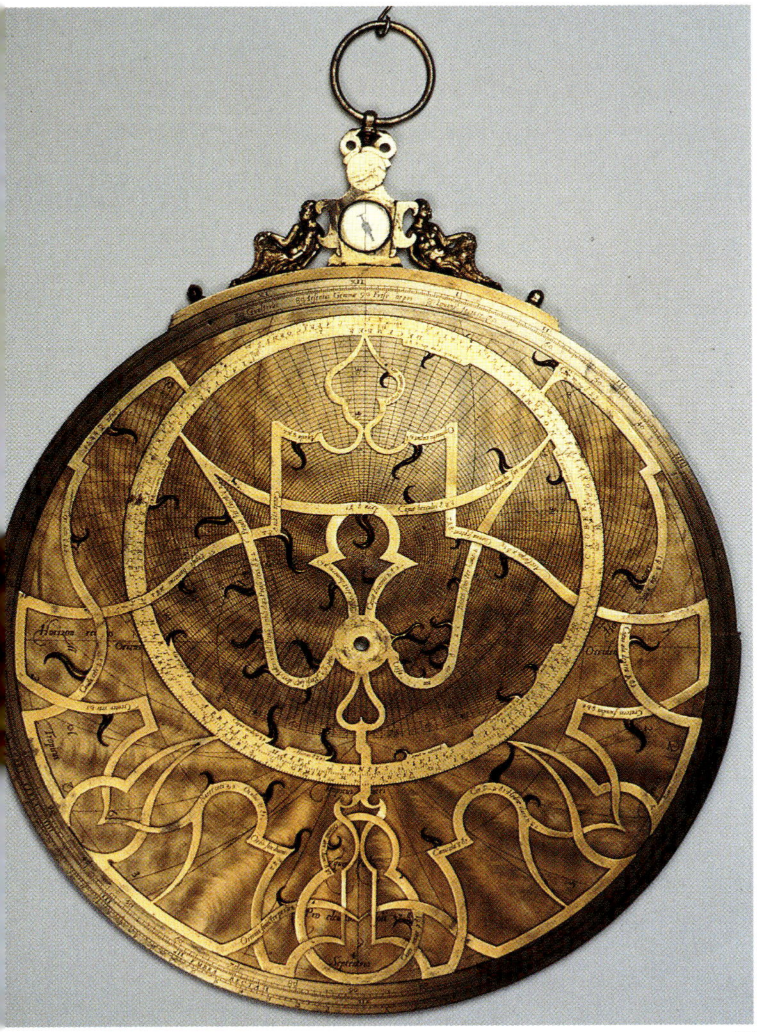

29

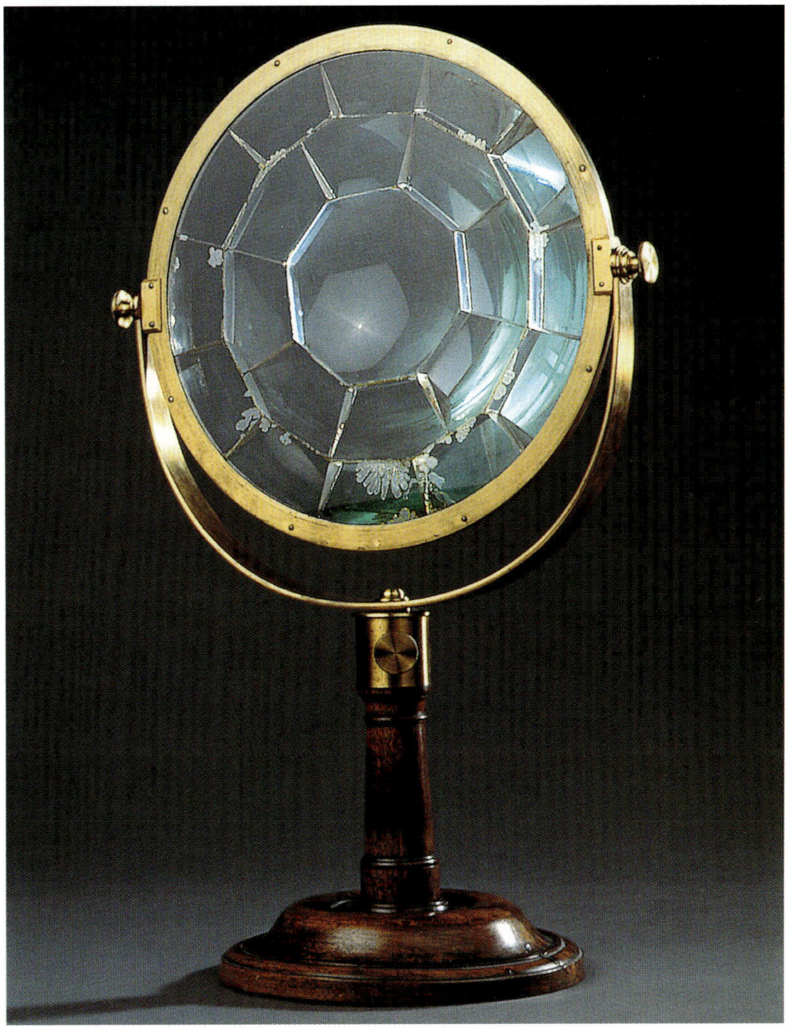

30

31. ***La Chapelle dans les années 1930.***

32. ***La Chapelle année 2000, une scénographie due à l'architecte François Deslaugiers.***

33.et 34. ***Polychromie flamboyante du chœur de la chapelle restaurée par l'architecte en chef des Monuments historiques.***
© L. Bessol.

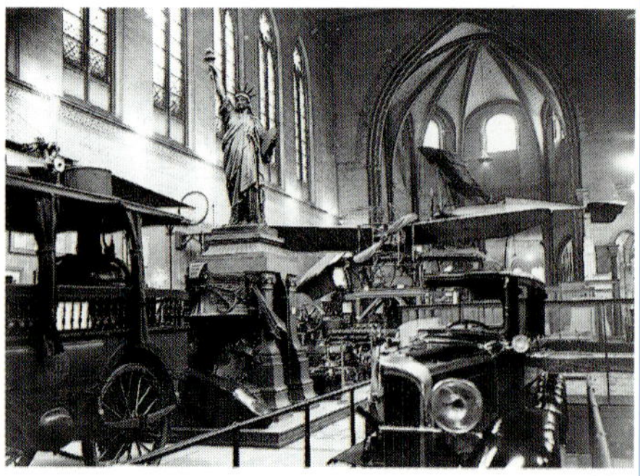
31

Papin à la place de l'autel, dans le chœur. (*Nuits de somnambule par jours éveillés*, 1883).
Hormis le chevet, datant du XIIe siècle, c'est le bâtiment transformé par Vaudoyer au XIXe siècle que l'architecte en chef des monuments historiques, Bernard Fonquernie, a choisi de restituer. Une église orange, des chapiteaux dorés, une polychromie flamboyante à la clé de voûte, tel est aujourd'hui ce lieu-phare dont la nouvelle muséographie est due à François Deslaugiers.
Le pendule de Foucault a repris sa place dans le chœur; une passerelle permet de voir autrement les véhicules anciens, les avions, la maquette de *la Statue de la Liberté* de Bartholdi, vierge moderne d'une église dédiée à l'industrie. Les relations entre musée et enseignement sont notamment évoquées par les objets utilisés par le général Morin, directeur du Conservatoire de 1852 à 1880, qui avait transformé la chapelle en laboratoire d'essais.

32
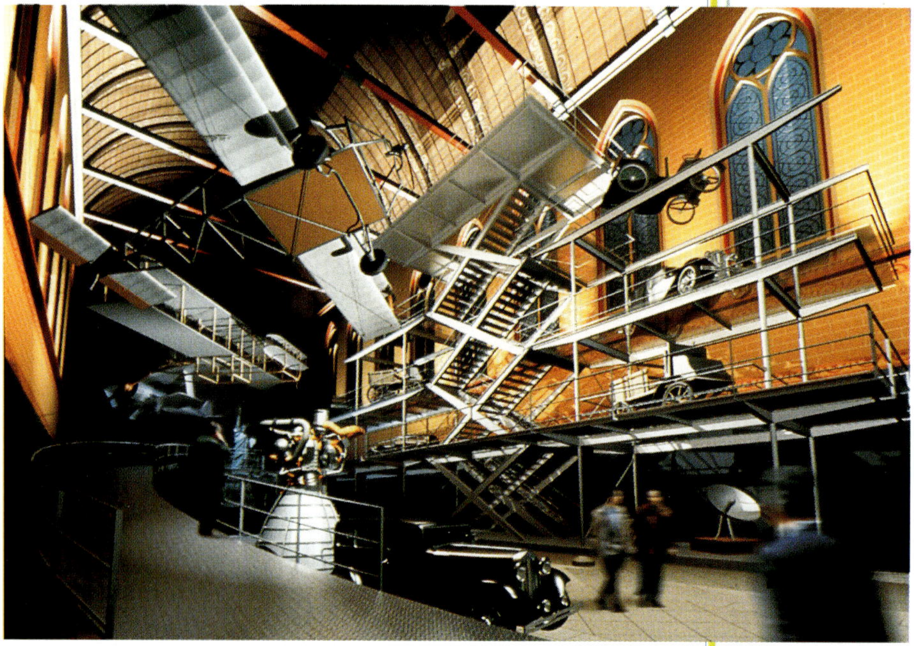

L'époque contemporaine s'affirme avec des modèles étonnants comme celui du moteur Vulcain d'Ariane 5, en bonne place dans la nef.
Ainsi la chapelle de Saint-Martin-des-Champs dédiée aux arts et aux métiers reste-t-elle le lieu sans pareil d'un musée rénové mais fidèle à ses origines et à l'esprit de ceux qui, depuis deux cents ans, l'ont transformé, réaménagé, éclairé pour le rendre accessible à un public curieux et désireux d'apprendre. Lieu physique au cœur de Paris, le Musée des arts et métiers est aussi présent dans les nouveaux réseaux d'information et dans les régions où sont mises en dépôt dans des musées spécialisés des séries significatives de la collection nationale.
«Tous les arts ont des points de contact» écrivait l'abbé Grégoire fondateur du Conservatoire.
En réconciliant l'art et la science, le musée rénové illustre une nouvelle génération de musées qui cherchent à instruire mais aussi à émouvoir à travers la démonstration d'objets originaux qui nous aident à penser la technique.

« On entre et on se trouve ébloui par cette conjuration qui réunit l'univers supérieur des ogives célestes et le monde chtonien des dévoreurs d'huiles minérales. »
Umberto Eco

Que voit-il ? S'est-il trompé ?
L'église devenue entrepôt !
Là où se trouvaient les tombes
est installé un bassin d'eau;
ici, une turbine fait tourner ses pales,
là fonctionne une presse hydraulique;
ici, dans une machine à haute pression,
la vapeur chante un chant nouveau
en hommage à l'électro-magnétique
répandue par le téléphone.
Et la lumière électrique
chasse le demi-jour sacré;
on comprend alors que l'église
sert de Musée des métiers :
Arts et Métiers, ici, sont les adorés,
les esprits utilitaires seront, enfin, satisfaits !

August Strindberg, *Nuits de somnambule par jours éveillés*, poème composé en 1883.

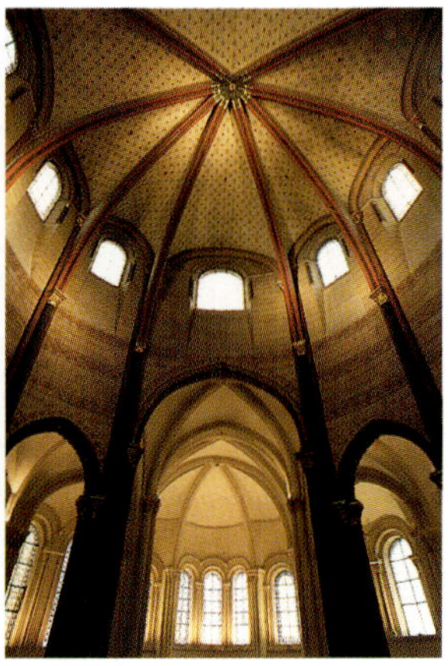

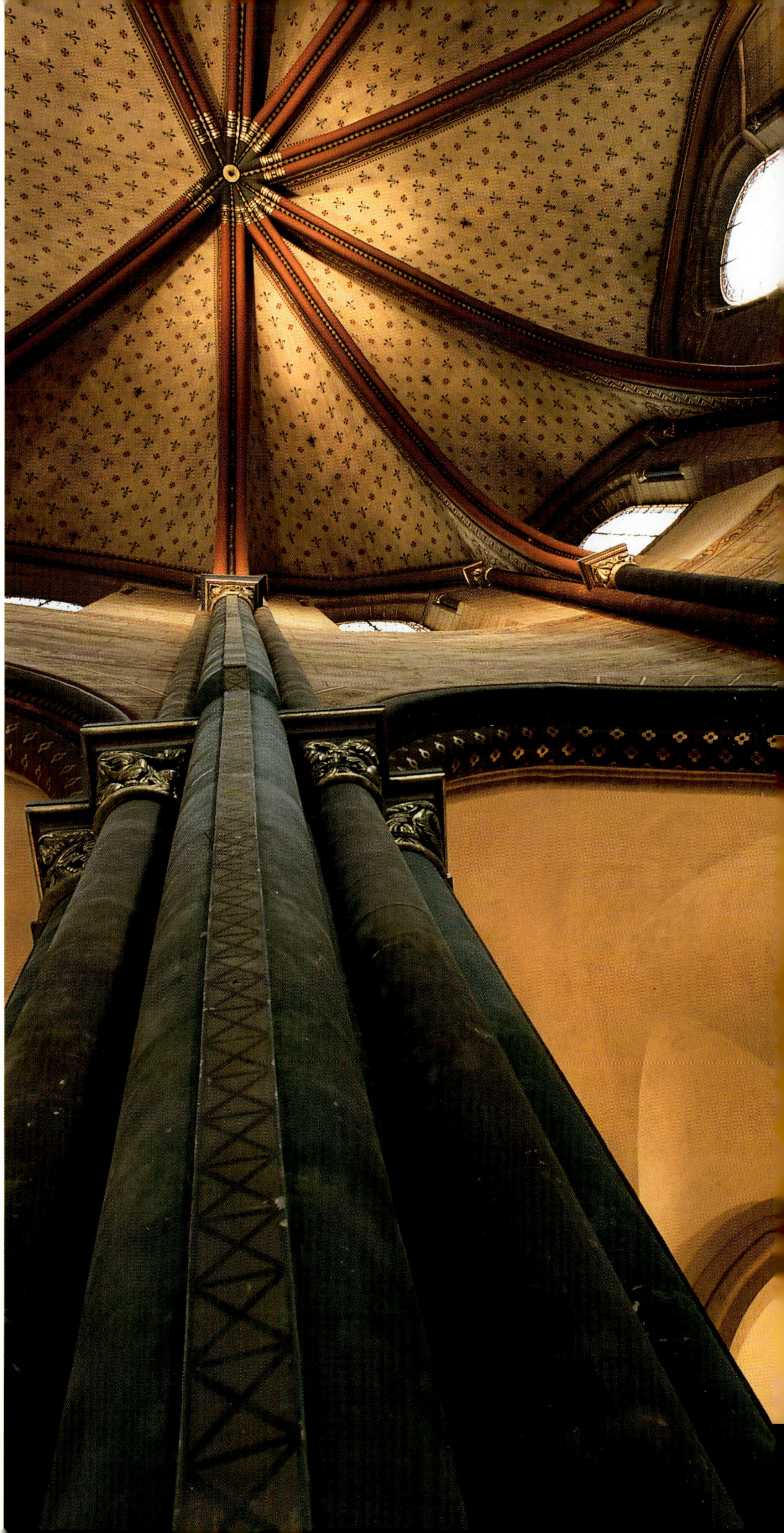

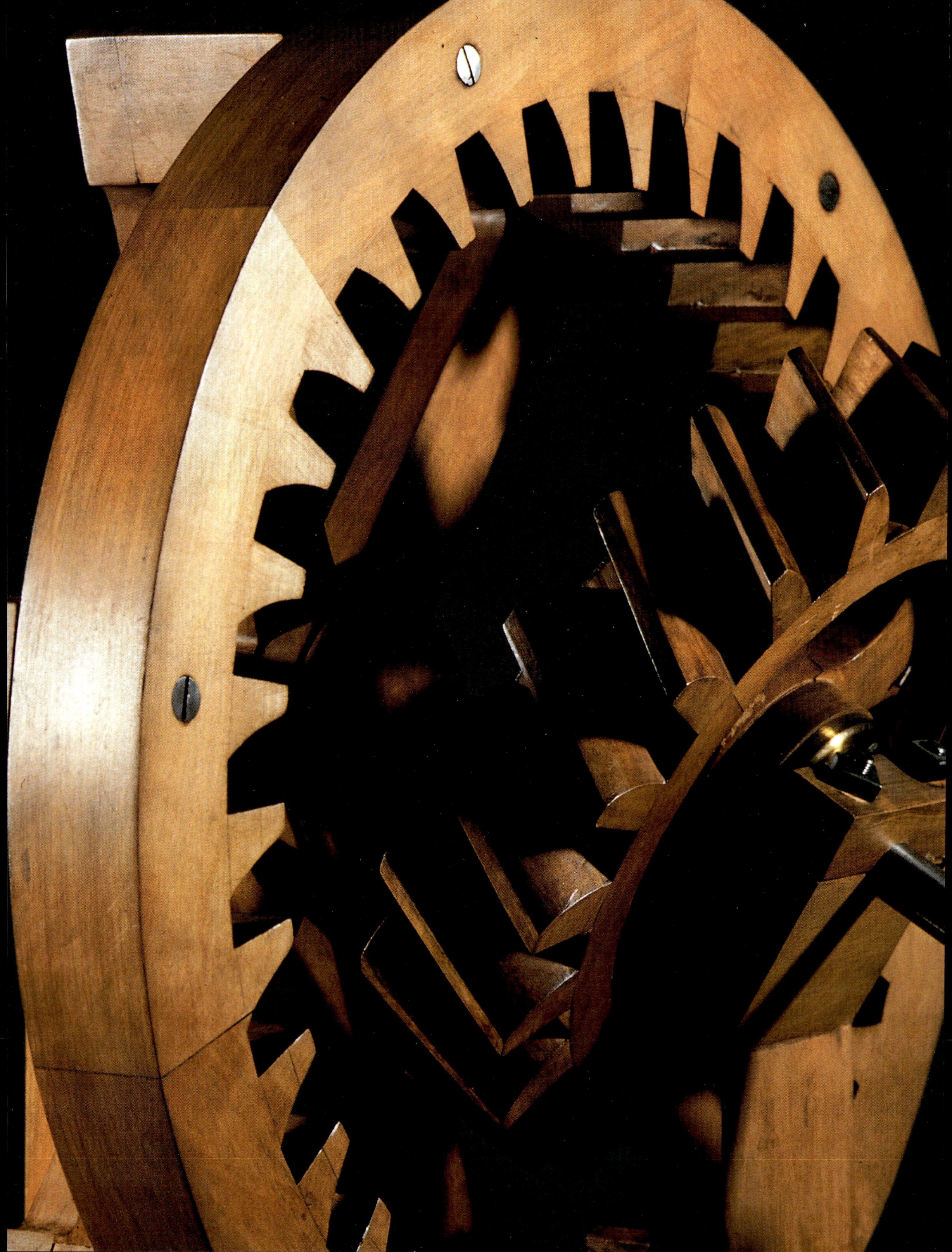

1

2

L'AVENTURE humaine

PAR JULES MERLEAU-PONTY | ÉCRIVAIN ET PHILOSOPHE

« Des objets, de simples objets, et pourtant, le monde s'achève régulièrement dans un sablier, l'océan se dessèche dans une clepsydre, chaque petite montre porte en elle l'univers tout entier. »
Hector Bianciotti

IL N'EST, QUE L'ON SACHE, AUCUNE AUTRE ESPÈCE QUE L'HOMME À AVOIR INVENTÉ L'OUTIL, LA MACHINE, LE VÊTEMENT, LA CUISINE, LA MUSIQUE, LES BEAUX-ARTS, LE VOYAGE INTERPLANÉTAIRE, L'ÉPLUCHE-PATATES, LA SERINGUE HYPODERMIQUE ET TOUT UN FATRAS DE TRUCS ET DE MACHINS QUI LUI SIMPLIFIENT LA VIE AUTANT QU'ILS LA LUI COMPLIQUENT. QUELS RAPPORTS LA MAIN ENTRETIENT-ELLE AVEC LE CERVEAU ? *HOMO FABER ? HOMO SAPIENS ?* HOMME, DONT LA TECHNIQUE SEMBLE S'INSCRIRE EN CONTINUITÉ DE SON ÉVOLUTION BIOLOGIQUE.

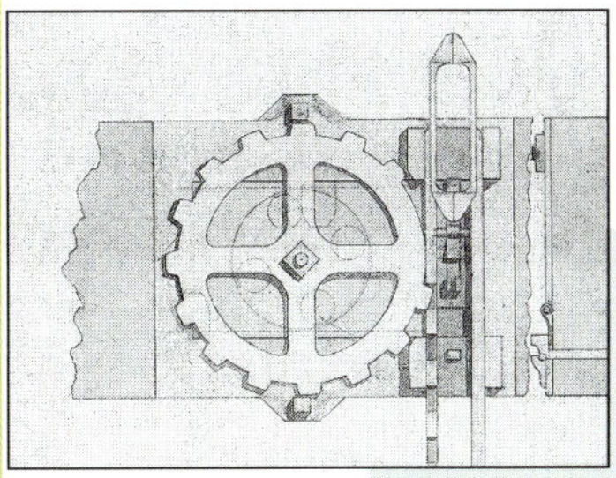

2

Consacrer un musée à la technique était le moins qu'on puisse attendre de la philosophie des Lumières et de sa passion pour l'humanisme et l'encyclopédisme. Le mérite en échut à l'abbé Grégoire. En 1794, ce prêtre «jureur», ardent partisan de l'idéal révolutionnaire, fonda le Musée des arts et métiers.
Bien que les collections réunies par cette institution soient constituées d'objets d'invention récente, eu égard à la grande ancienneté de la technique, il convient de se pencher sur la genèse et les implications de cette dernière en tant que phénomène, pour comprendre pleinement la portée didactique de cette exposition permanente. Remontons donc hardiment dans le temps pour jeter quelques lumières sur l'évolution de la production technique en partant de ses premiers balbutiements.
De l'origine de l'aventure technique, il ne nous reste, comme témoignages, que quelques traces de feu domestiqué et des cailloux taillés avec ferveur car la vie du groupe en dépendait.
Les autres matériaux travaillés, moins durables que la pierre, se sont refondus à la masse informe des choses sous l'effet de l'inexorable usure du temps.
L'apparition de l'outil semble avoir précédé la domestication du feu, qui remonte à un million ou un million et demi d'années avant notre ère, et pendant plus d'un million d'années, la situation n'évolua guère. Au cours de cette étape, d'infimes innovations apparurent cependant. Au fil du temps, l'homme tailla la pierre avec une maîtrise de plus en plus grande tant de la conception que de la réalisation de ses outils : voilà quelques centaines de milliers d'années, le pithécanthrope ne fabriquait que quelques centimètres de fil tranchant avec un kilo de silex; il y a quelques dizaines de milliers d'années, l'*homo sapiens sapiens* en confectionnait 17 mètres avec la même quantité de matière première. Combien fallut-il à l'homme de patience et de ténacité pour parvenir à ce modeste résultat !
Mais, hormis ces améliorations de détail, si l'on excepte l'apparition capitale de la peinture rupestre, au 40e millénaire avant J.-C., de ce que

3
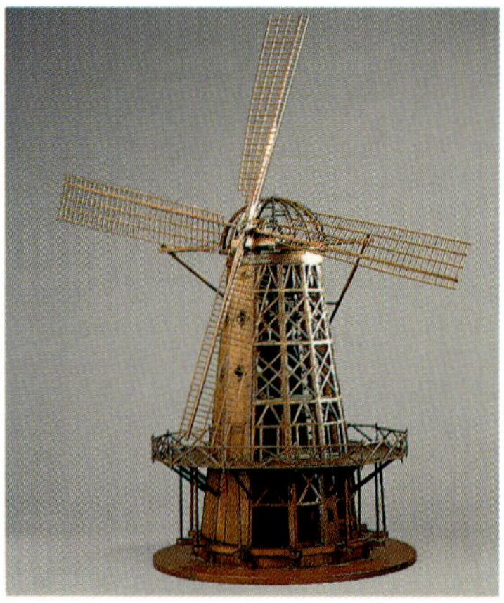

4
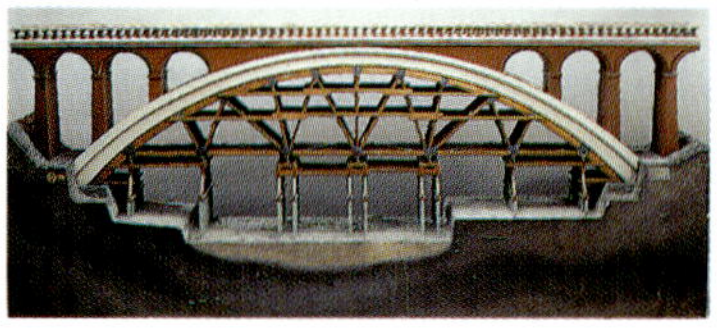

5
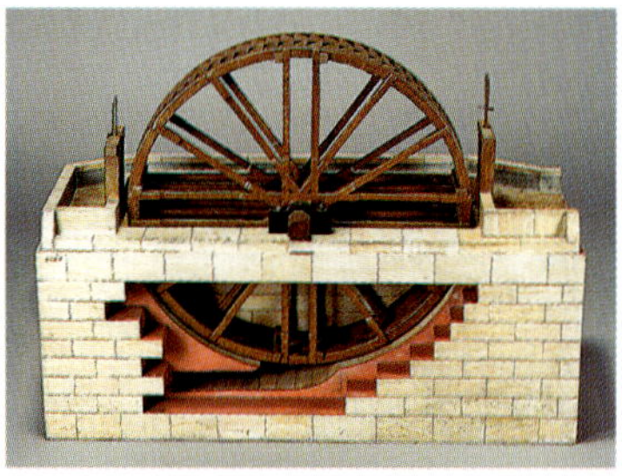

6
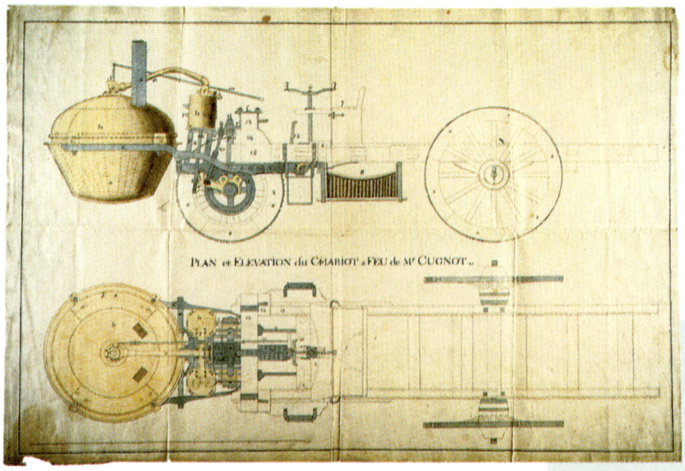

1. ***Engrenage en bois,*** **vers 1850.** Domaine Mécanique. © P. Faligot.

2. ***Dessins de détails d'engrenages différentiels,*** **1818.** Portefeuille industriel.

3. ***Maquette de moulin à vent à calotte tournante,*** **début XIXe s.** Domaine Énergie. © Fondation Paribas/ H. Maertens.

4. ***Maquette du pont Antoinette sur l'Agout, par Digeon,*** **1884.** Domaine Construction.

5. ***Maquette de roue de côte à double aubage employée dans les mines,*** **fin XVIIIe s.** Domaine Énergie. © P. Faligot.

6. ***Dessin du fardier de Cugnot,*** **1771.** Portefeuille industriel.

7. ***Métier à tisser les étoffes de Vaucanson,*** **1746.** Domaine Matériaux. © Fondation Paribas/ H. Maertens.

7

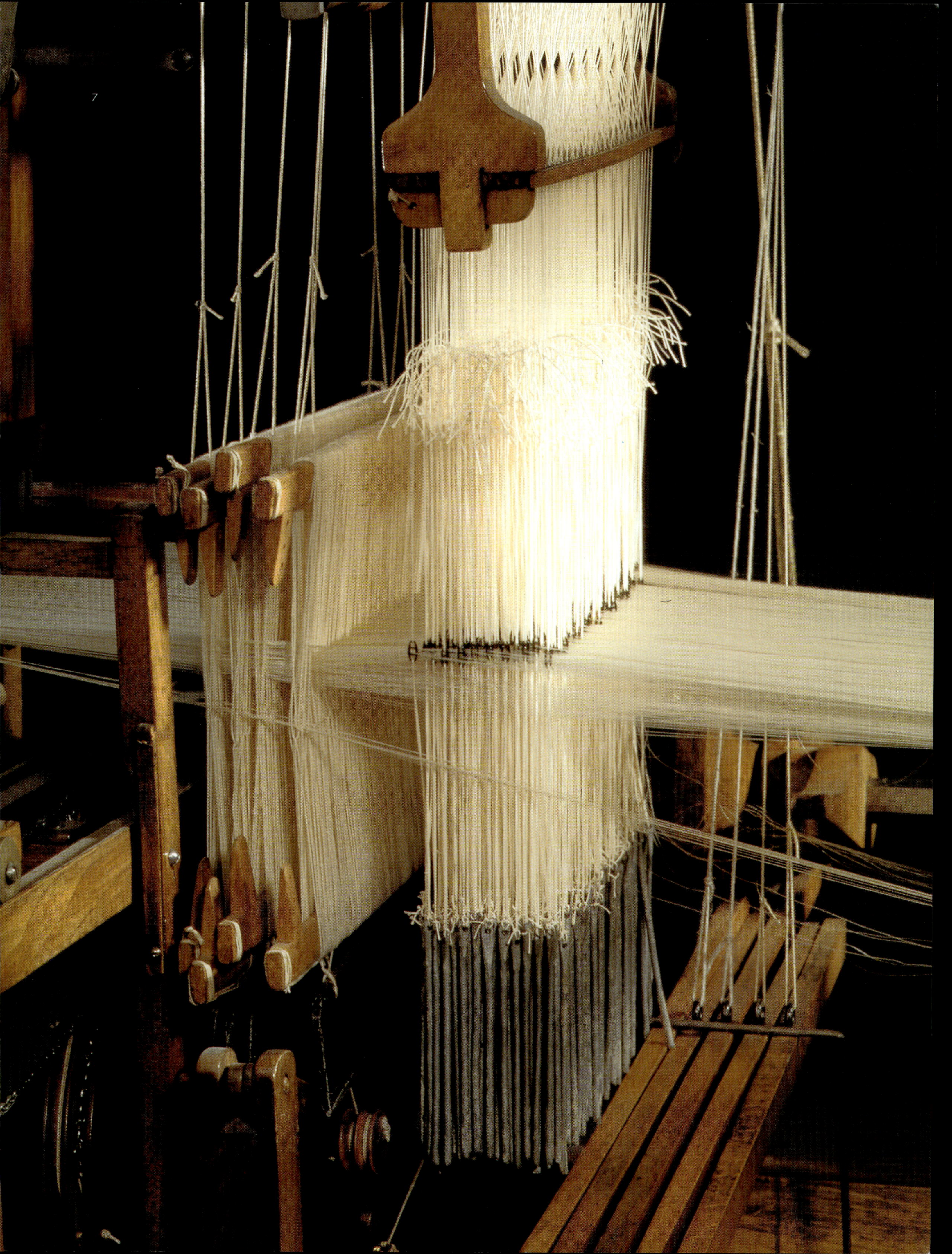

8. ***Moteur à vapeur de l'Éole II d'Ader*, 1893.**
Domaine Transports.
© Fondation Paribas/ H. Maertens.

9. ***Triode d'émission à cornes pour ondes courtes de la TSF*, 1927; *lampes de radio à cornes de Métal Mazda*, 1925; *double pentode d'émission de National Union*, 1944; *triode de Métal Mazda*, 1922.**
Domaine Communication.
© M. Séméniako/Métis.

10. et 14. (détail)
***Machine à vapeur de Watt, modèle de démonstration par Clair*, début XIXe s.**
Domaine Énergie.
© Fondation Paribas/ H. Maertens.

11. et 15. (détail)
***Dynamo électrique de Gramme*, 1891.**
Domaine Énergie.

12. ***Moteur d'avion rotatif Gnome Delta*, 1912.** Domaine Énergie.
© Fondation Paribas/ H. Maertens.

13. (détail)
***Dynamo électrique de Wilde*, 1864.**
Domaine Énergie.

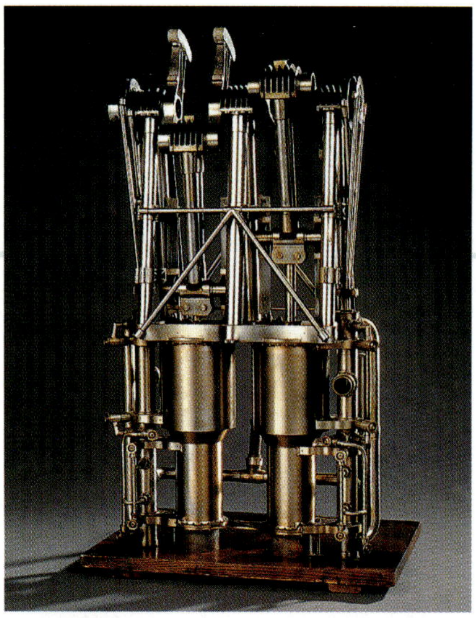
8

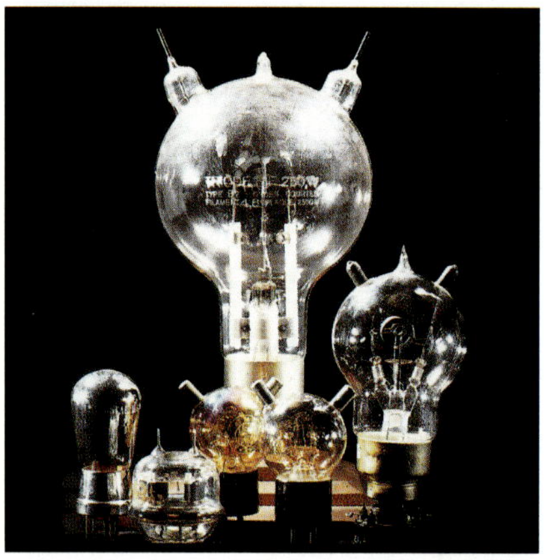
9

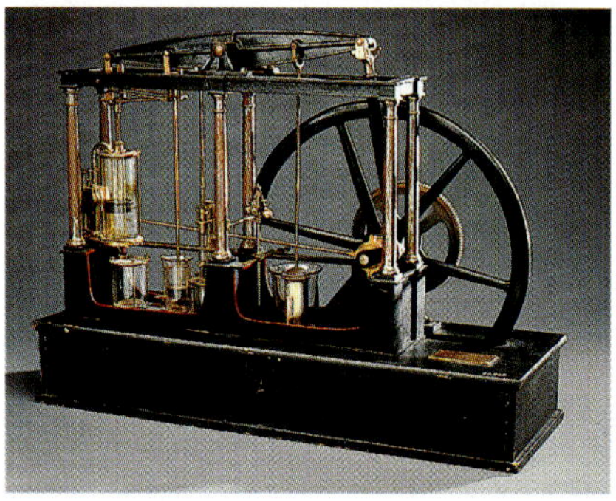
10

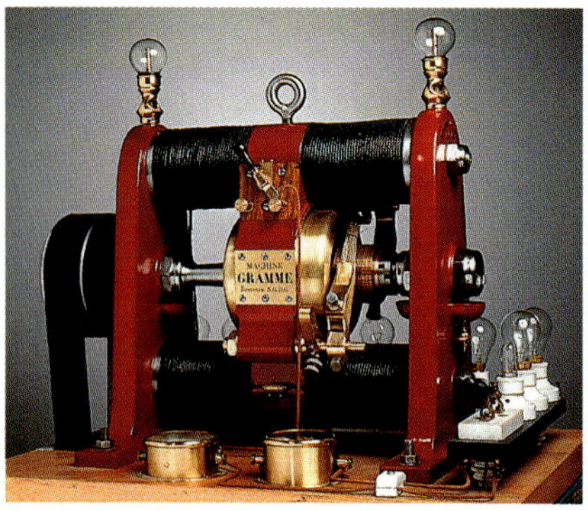

11

l'on sait, il n'y eut, dans ces âges reculés de l'humanité, point de «révolution» technique véritable jusqu'au 9e millénaire avant notre ère. C'est alors qu'émergèrent, presque simultanément, l'élevage, l'agriculture, la céramique, bientôt suivis de la machine, de la métallurgie et d'une avalanche d'effets conséquents à ces bouleversements, dont la cité et l'écriture comptent parmi les plus tonitruants. Ce fut la révolution néolithique. C'était hier et cela advint dans un laps de temps fort bref si l'on considère l'immensité du temps écoulé depuis le début de l'aventure technique.
Fait remarquable, ces événements se produisirent presque en même temps en divers points du globe et sans que des influences culturelles ne semblent avoir agi entre les groupes humains qui en furent les protagonistes. Le phénomène technique paraît donc inscrit dans la continuité du programme de l'évolution biologique. Et, que cela soit celle du groupe, celle du corps ou celle des deux à la fois, son expression semble dépendre de la conjonction de conditions environnementales favorables.
L'outil se présente comme un prolongement du corps humain. Le tranchant du silex est un ongle ou une dent bien plus efficace que les organes naturels dont il exprime les fonctions. Il permet de sectionner, gratter, percuter, écraser avec une vigueur dont aucun organe naturel n'est capable. Le propulseur ou l'arc démultiplient la force du bras et permettent de s'assurer des proies inatteignables à main nue. Ils améliorent, dans des proportions considérables, la technique d'acquisition de la main. De tels exemples, où l'outil se présente comme un substitut du geste naturel dont il amplifie l'efficacité, pourraient être multipliés. Mais, dans tous les cas, pour accomplir ses fonctions, l'outil ne peut se passer ni de l'énergie, ni de l'intelligence, ni de la volonté, ni de la présence immédiate du corps qui le manipule, et reste donc étroitement tributaire de ce dernier; il est «organique».
C'est plusieurs millénaires avant l'ère chrétienne

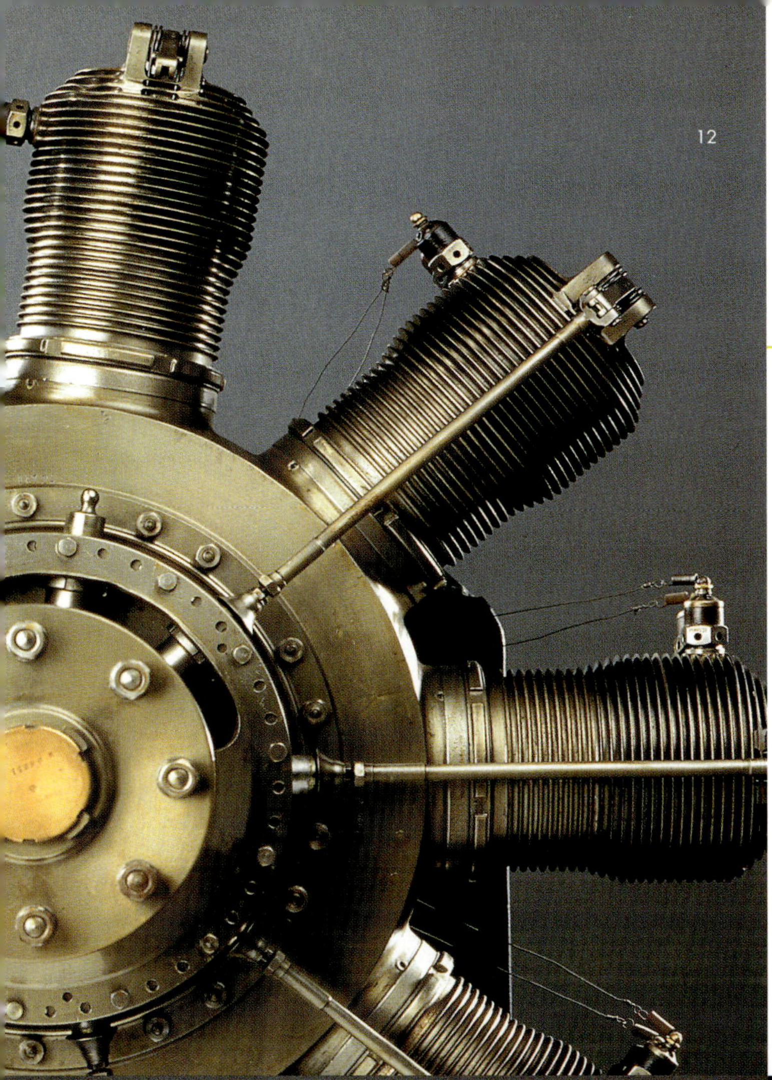
12

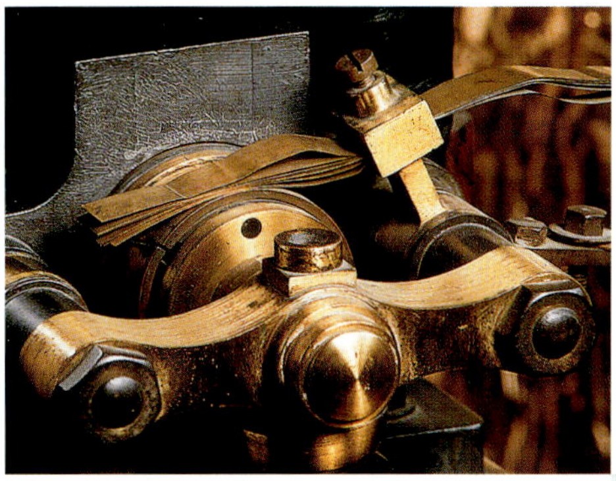
13

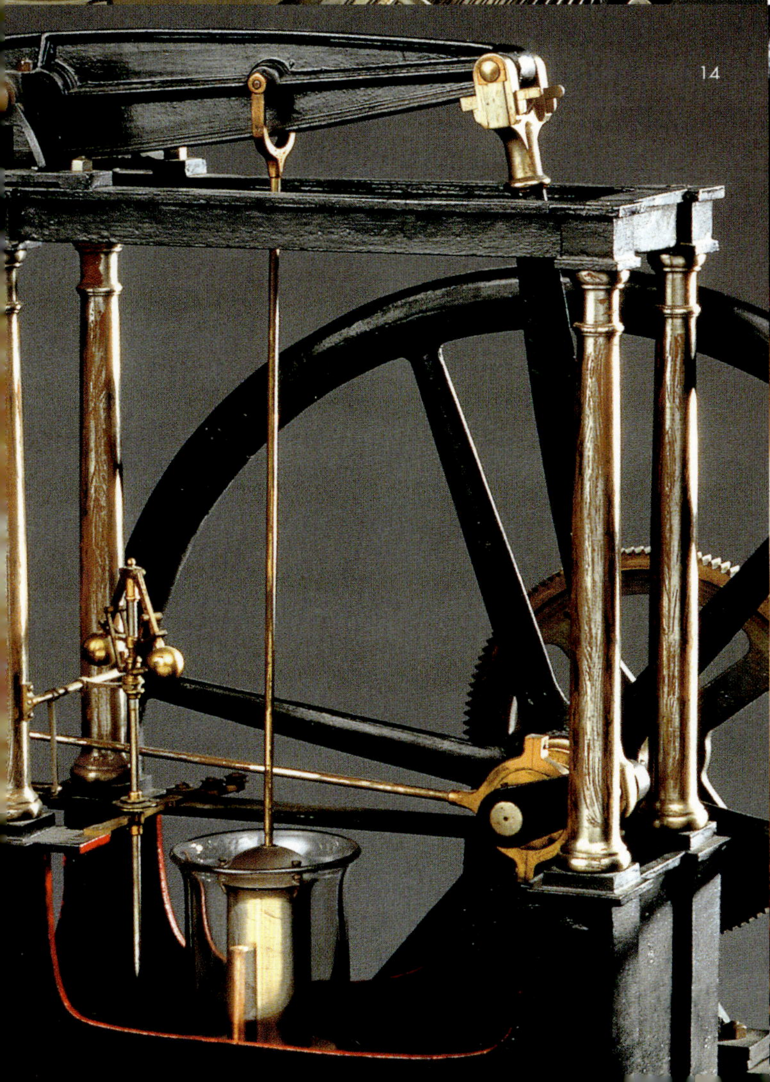
14

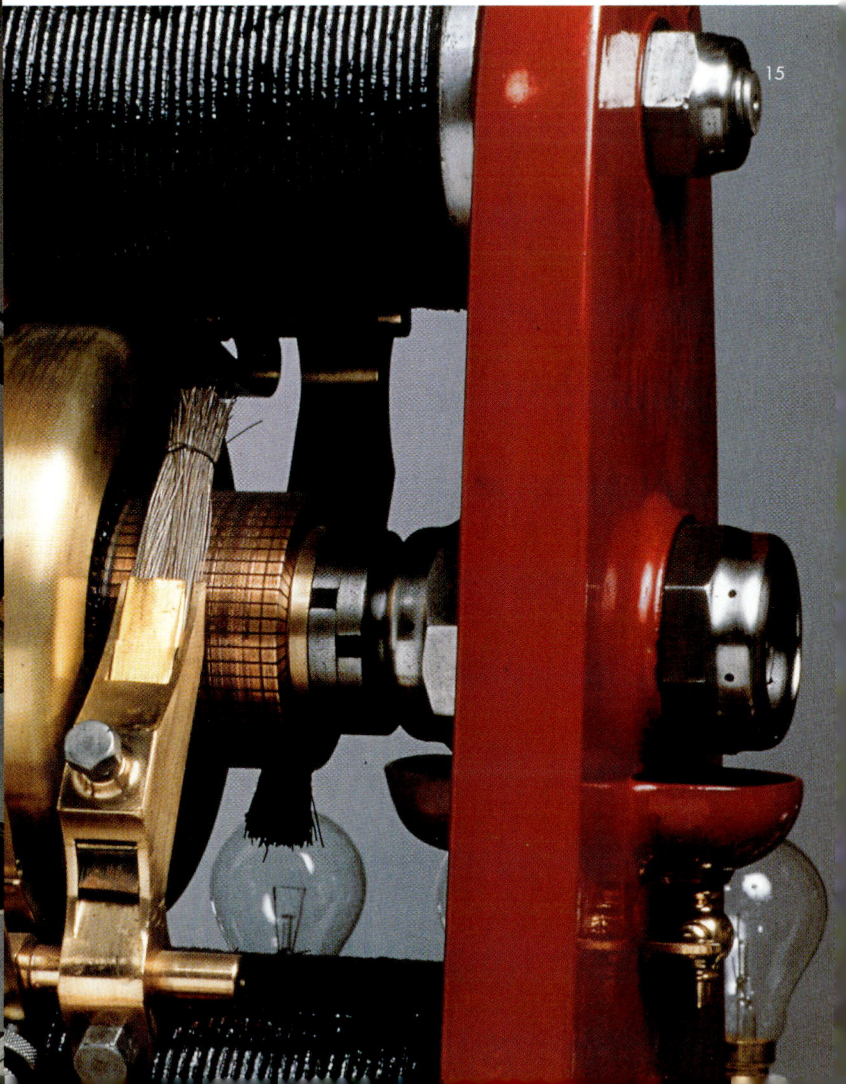
15

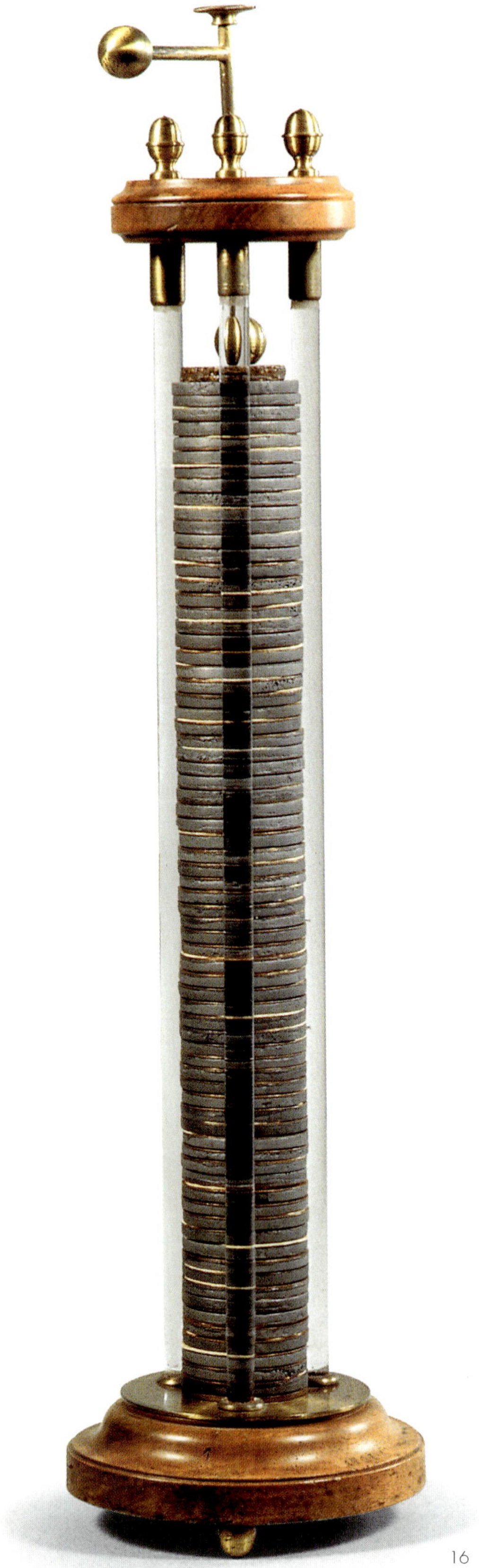

16

qu'apparaissent les premières machines. Leurs programmes sont étroitement spécialisés et plus restrictifs que ceux de l'outil : moudre pour un moulin ou remonter l'eau d'un puits pour une noria, par exemple. Contrairement à l'outil, la machine ne peut s'écarter de son unique programme mais, en contrepartie, l'énergie nécessaire au mouvement de ses mécanismes peut lui être fournie sans intervention directe de l'homme. La bête, le vent ou l'eau qui bouge inlassablement remplacent avantageusement ce dernier pour accomplir la tâche visée. La machine peut donc «travailler» en l'absence de l'intervention immédiate du corps qui l'a conçue et construite à ces fins (et il s'entend que le cerveau en fait partie). On voit ici la loi du moindre effort clairement régner en souveraine. Cette autonomie de la machine va se perfectionner et s'affirmer au cours des âges. Avec les progrès de la mécanique conjugués à ceux du traitement des matériaux, les tâches qui lui sont assignées vont gagner en précision et en complexité. Jusqu'au XVIIIe siècle, point de mouvement significatif. Rien que des améliorations des récents acquis de la révolution néolithique et

DÈS LE XVIIIe SIÈCLE, LA MACHINE, FORT ANCIENNE MAIS ENCORE RUDIMENTAIRE, SE PERFECTIONNE À L'EXTRÊME.

LES 7 DOMAINES — INSTRUMENT SCIENTIFIQUE

L'âge d'or des instruments scientifiques s'ouvre avec le XVIIe siècle, une époque timide quant aux progrès techniques mais féconde sur le plan des sciences. La curiosité, vertu essentielle, est le moteur du développement scientifique. En peu de temps, la connaissance de l'infiniment loin et de l'infiniment petit progresse à pas de géant grâce à ces nouveaux outils que les savants créent, souvent eux-mêmes, pour des travaux toujours

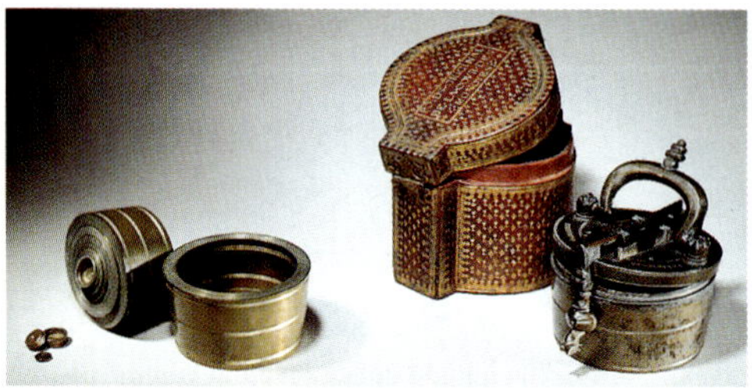

18

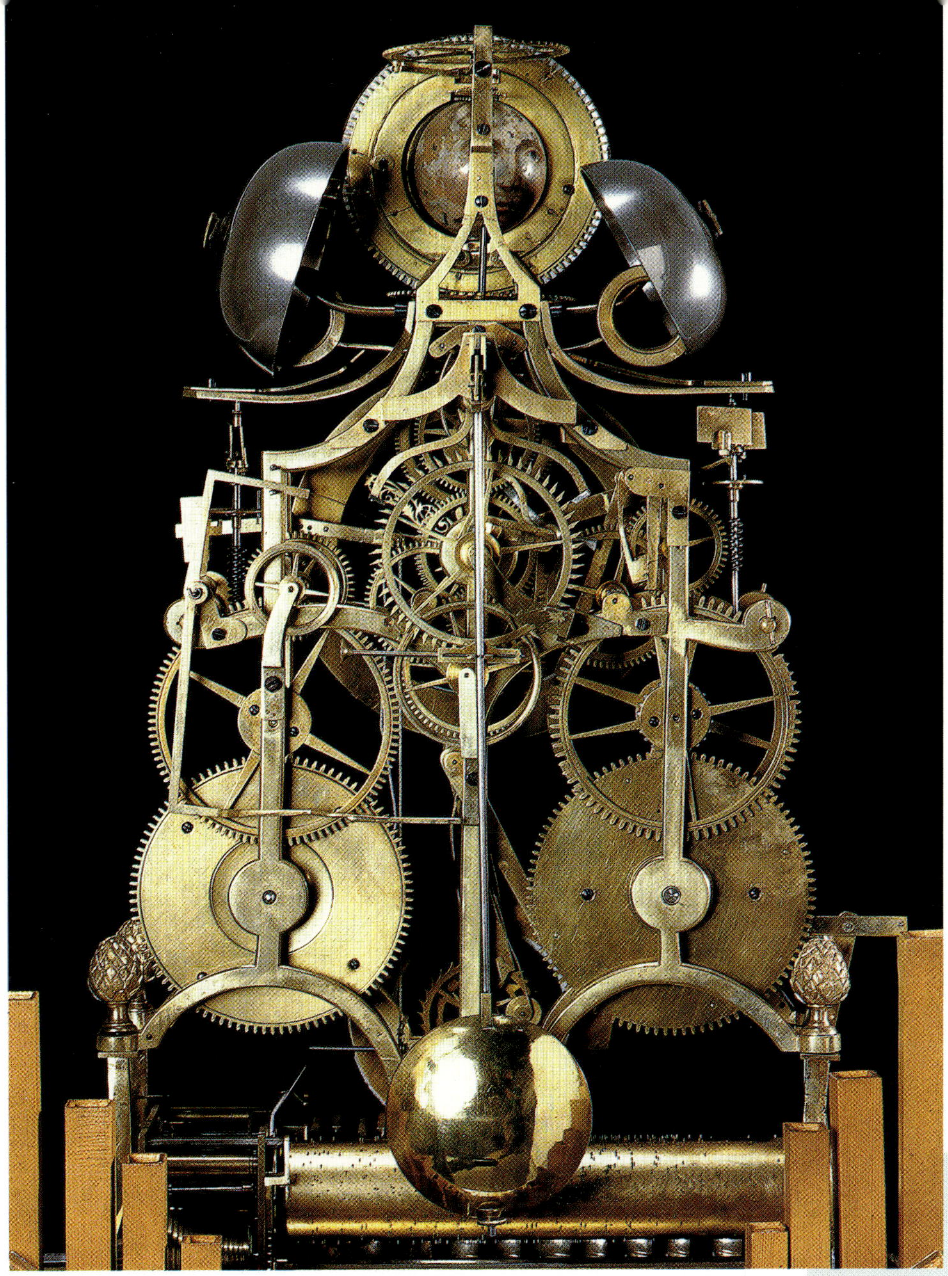

17

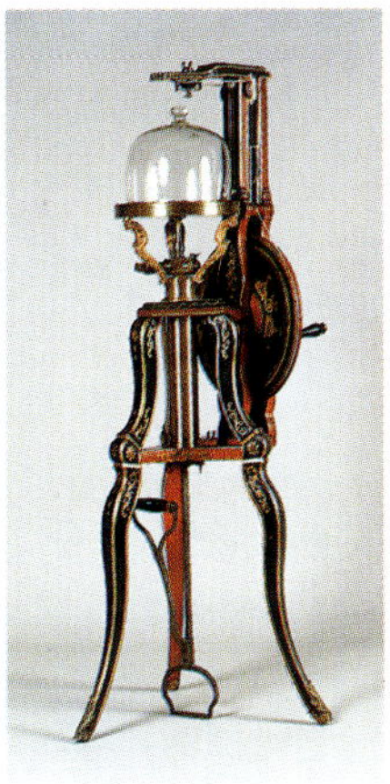

16. ***Pile de Volta,* 1800.** Domaine Énergie. © P. Faligot.

17. ***Machine pneumatique de l'abbé Nollet,* XVIIIe s.** Domaine Instrument scientifique. © P. Faligot.

18. ***Pendule à musique avec jeu de flûtes et carillon de J. van Hoof et fils,* 1790.** Domaine mécanique. © P. Faligot.

plus précis. Au siècle des Lumières, la science «mise en spectacle» dans les cabinets de physique ouvre la voie à de véritables laboratoires de recherche, tel celui de Lavoisier, ainsi qu'à de nouvelles institutions comme le Conservatoire où la démonstration et la transmission d'un savoir s'accompagnent d'un réel attrait récréatif.

Aujourd'hui, les choses ont bien changé et il est souvent fort difficile de définir les limites des instruments scientifiques. Partout des capteurs mesurent des données physiques que de puissants ordinateurs ou de minuscules puces organisent, traitent et transmettent à d'autres machines. L'instrument, devenu invisible, n'en a pas disparu pour autant. *Bruno Jacomy*

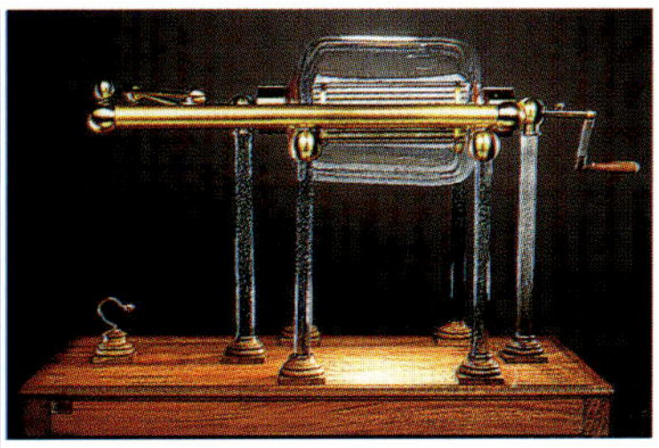

***Pile dite «de Charlemagne»,* étalon établi à la fin du XVe s. (à gauche).** Domaine Instrument scientifique. © J. C. Wetzel.

***Machine électrostatique de Nairne,* fin XVIIIe s. (ci-contre).** Domaine Instrument scientifique. © Fondation Paribas/ H. Maertens.

19. ***Dessin de la locomotive Hawthorn,*** **1840.** Domaine Transports.

20. ***Locomotive à grande vitesse système Crampton de Derosne et Cail,*** **1849.** Domaine Transports.

21. ***Millet avec son tricycle à moteur et roue élastique,*** **1887.** Domaine Transports.

22. ***Photographie de l'avion Éole III d'Ader,*** **1897.** Domaine Transports. © Fondation Paribas/ H. Maertens.

23. ***Reproduction à échelle réduite de la locomotive Compound type Ten Wheel ou 230 de Regnard.*** Domaine Transports. © J. C. Wetzel.

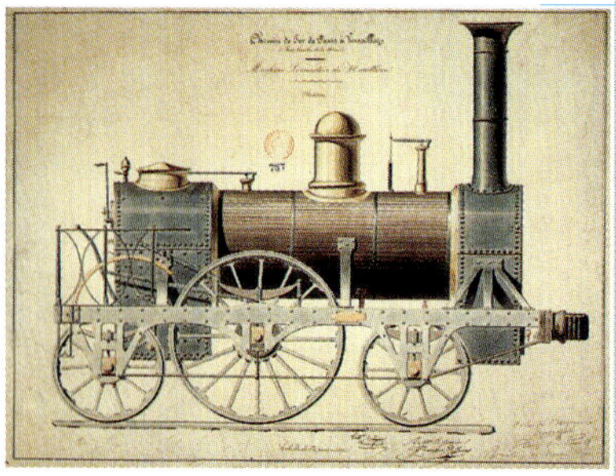

19

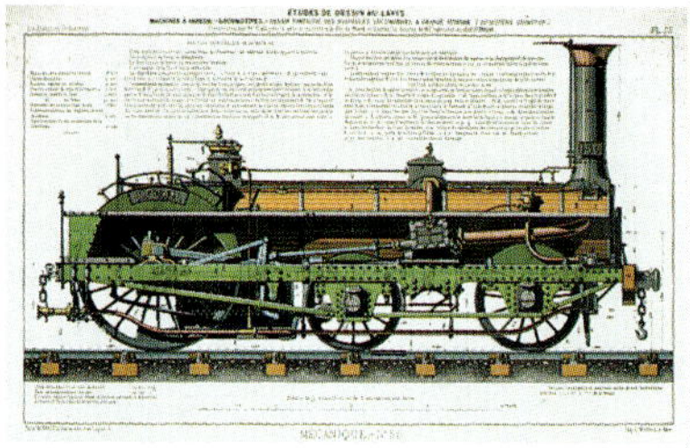

20

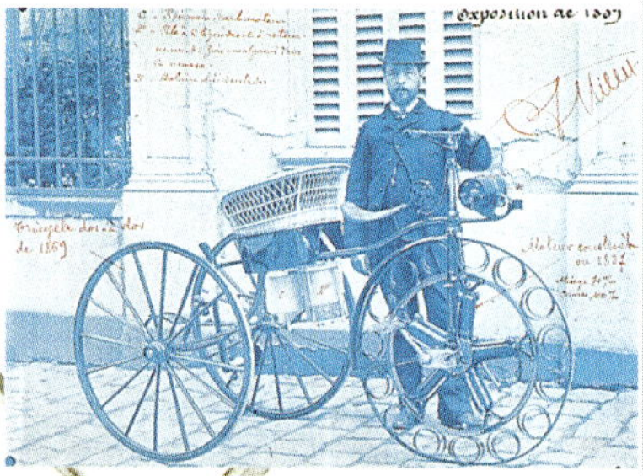

21

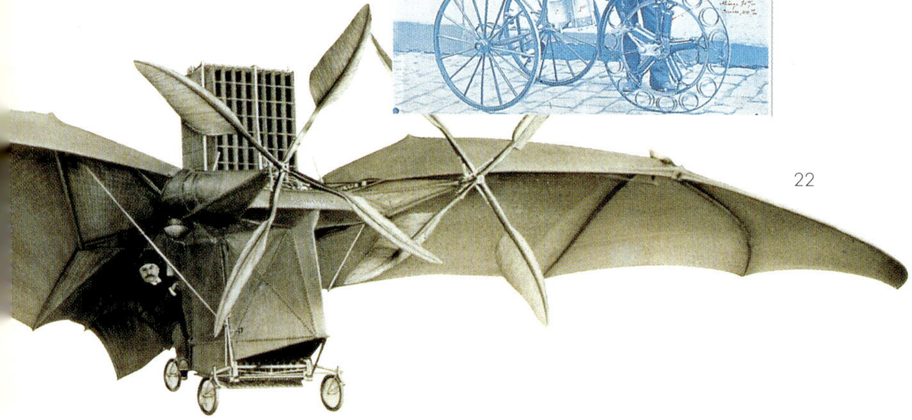

22

un questionnement intellectuel où l'on peut deviner, en gestation, tout à la fois l'essor technique à venir et les rapports privilégiés que science et technique sont appelées à entretenir entre elles. Et puis c'est l'éclosion, pour ne pas dire l'explosion. Du siècle des Lumières à nos jours, en moins de trois cents ans, la machine, fort ancienne mais encore rudimentaire, se perfectionne à l'extrême. On lui adjoint maintenant le moteur.
Celui-ci est un organe destiné à transformer de l'énergie en mouvement, quelle que soit la forme de cette énergie. Il sera d'abord à vapeur, puis «à explosion», ou encore électrique. Aux sources d'énergie, animale, éolienne ou hydraulique, s'ajoutent et se substituent donc d'autres formes d'énergie, au contrôle plus aisé. Ces innovations sont l'apanage des nouvelles techniques et les distinguent des anciennes. Elles furent possibles grâce aux efforts de la science qui, depuis la fin de la Renaissance, s'est différenciée de la métaphysique. Cette nouvelle révolution technologique – celle des Lumières –, le Musée des arts et métiers en est un produit et un témoin de premier ordre. Au XIXe siècle, avec l'essor industriel, la machine s'est banalisée au point d'entrer de plain-pied dans notre vie quotidienne. Ses tâches sont devenues multiples et se sont affinées avec les progrès de la technologie des matériaux,

LES 7 DOMAINES — MATÉRIAUX

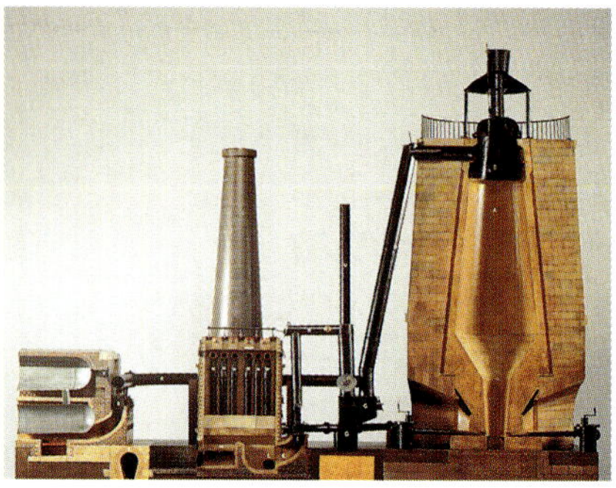

Les techniques les plus anciennes – des arts du feu au travail des fibres naturelles – jusqu'aux matériaux d'aujourd'hui créés sur mesure pour répondre aux besoins d'applications nouvelles se retrouvent dans ce domaine. La mécanique textile y occupe une place de choix avec des machines à filer et des métiers à tisser dont cette pièce maîtresse de la collection : le métier à tisser les étoffes façonnées inventé par Jacques Vaucanson en 1746. Le rôle de la métallurgie dans le démarrage de la révolution industrielle n'est pas oublié avec le modèle du système de récupération des gaz

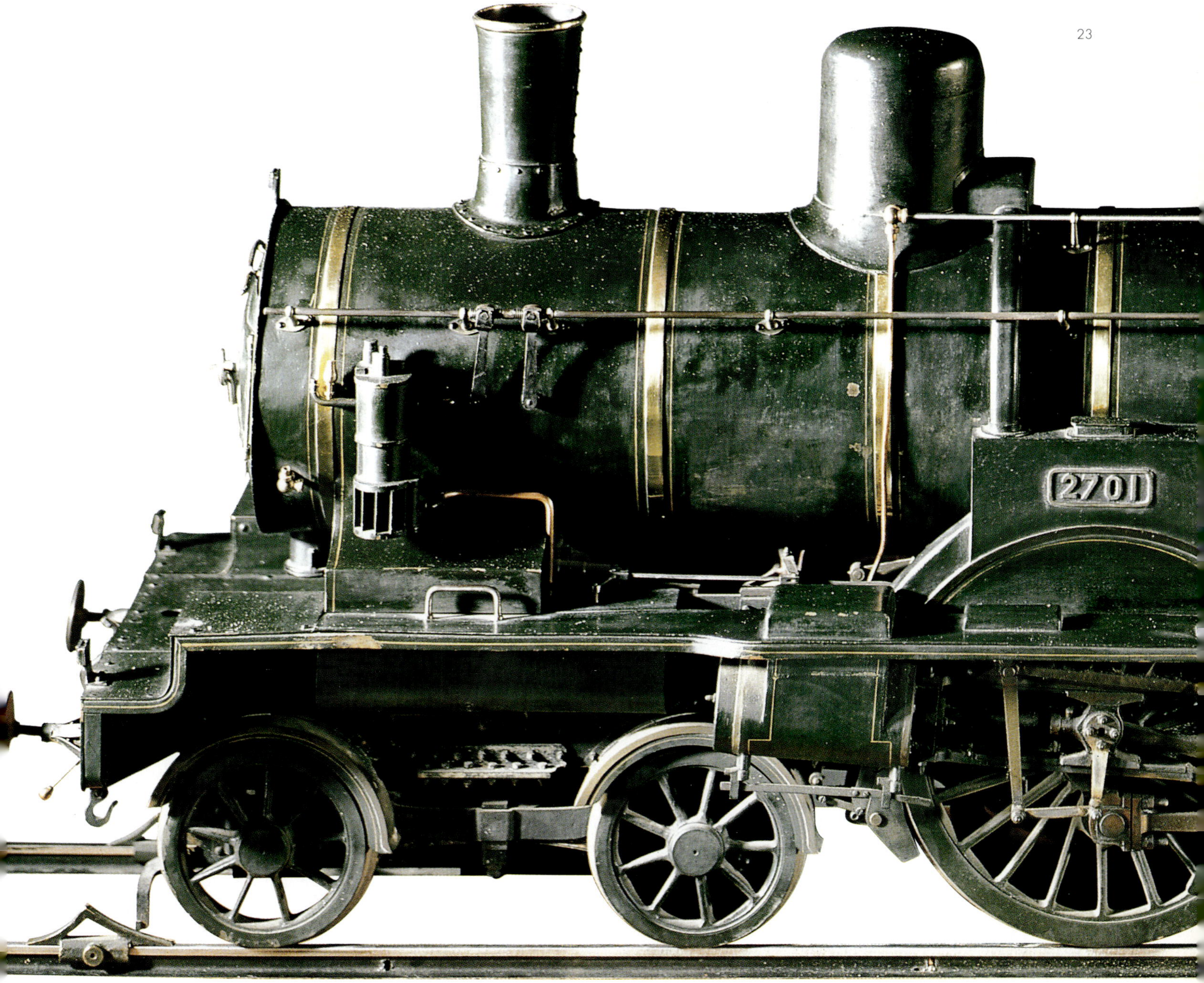

de hauts fourneaux inventé par les centraliens Thomas et Laurens dans les années 1840; ce dispositif permettait d'améliorer la marche du haut fourneau et de chauffer l'eau des chaudières des machines à vapeur qui actionnent le marteau-pilon, le laminoir et la cisaille de la forge à l'anglaise. Autre pièce remarquable du domaine, la vitrine Gallé, aux panneaux de marqueterie représentant ses ateliers nancéiens, abrite une collection de vases émaillés ou en marqueterie de verre.
L'apparition de matériaux comme l'aluminium, né de la chimie et de l'électricité dans la seconde moitié du XIXe siècle, puis des produits de synthèse, qui cèdent bientôt leur place aux plastiques artificiels, est également évoquée. *Anne-Laure Carré*

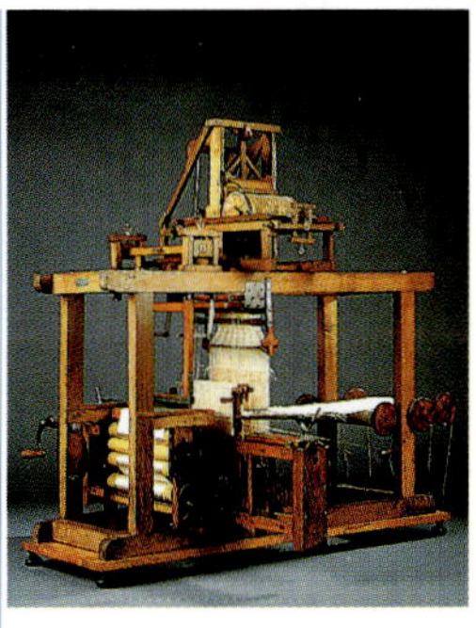

***Modèle d'un haut fourneau en coupe de Philippe*, 1847 (à gauche).** Domaine Matériaux. © P. Faligot.

***Modèle de métier à tisser les étoffes façonnées de Vaucanson*, 1746 (ci-contre).** Domaine Matériaux. © Fondation Paribas/H. Maertens.

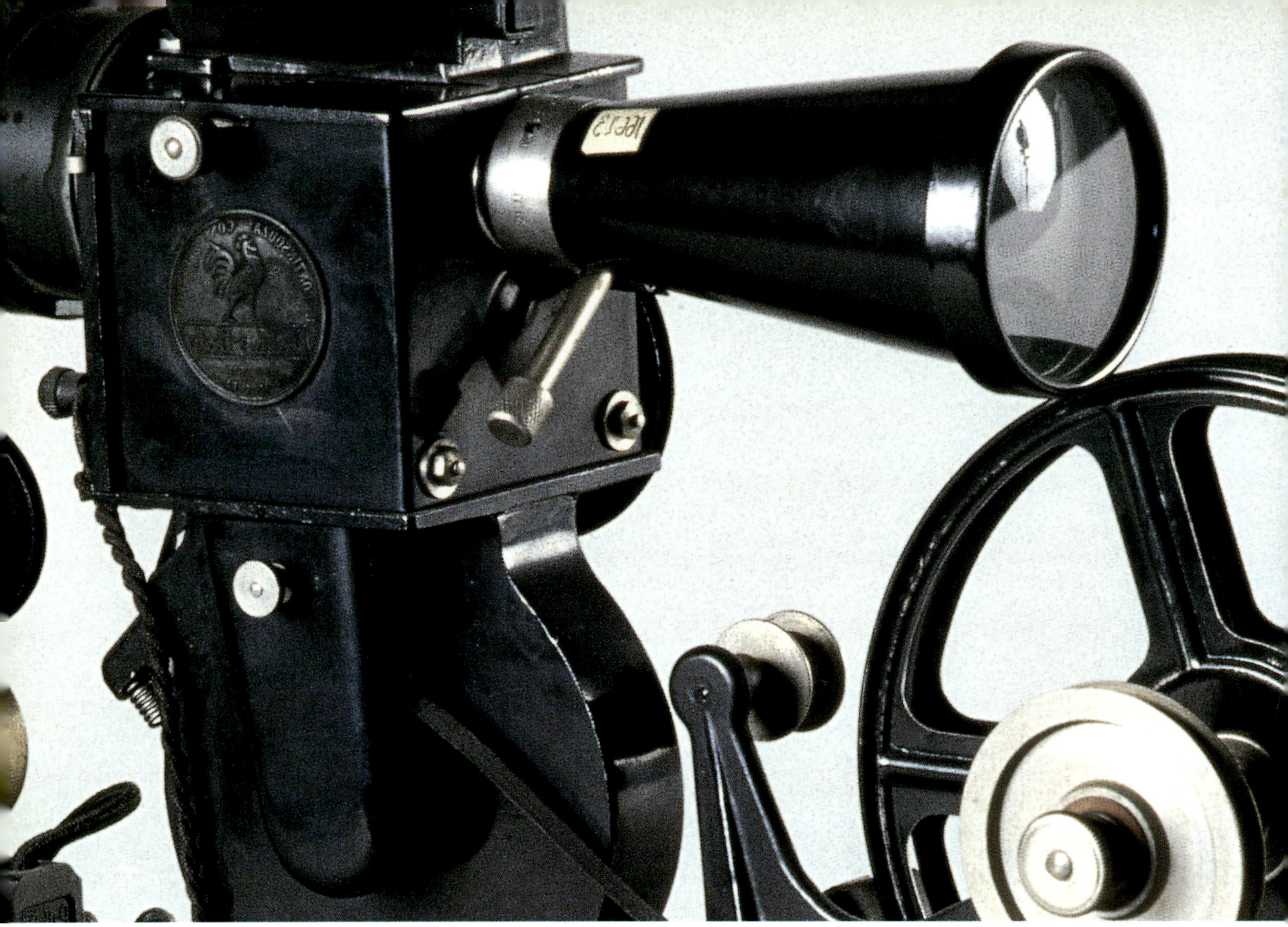

24

des énergies et de la mécanique. Ses effets ont, à l'évidence, profondément modifié les conditions de vie du groupe humain et, partant, les comportements et le regard de ce dernier sur le monde et son devenir. Les visions de la science-fiction et les préoccupations de la prospective en témoignent clairement et abondamment. Les étapes les plus spectaculaires et les plus foisonnantes de l'aventure technique se sont produites au cours des deux cents dernières années, celles-là mêmes qui sont principalement représentées par les collections du Musée des arts et métiers. L'étrange cohorte des machines et instruments exposés confère à ce musée un cachet sans équivalent. L'institution est une sorte de galerie de l'évolution des machines qui n'est

24. (détail) ***Projecteur Pathé Baby modèle D,*** **vers 1925.** Domaine Communication. © P. Faligot.

25. (détail) ***Presse rotative à plieuse, système Marinoni,*** **1884**. Domaine Communication. © J. C. Wetzel.

LES 7 DOMAINES — CONSTRUCTION

Pour marquer son emprise sur le territoire, l'homme s'est fait bâtisseur d'impressionnants ouvrages de génie civil ou de constructions plus

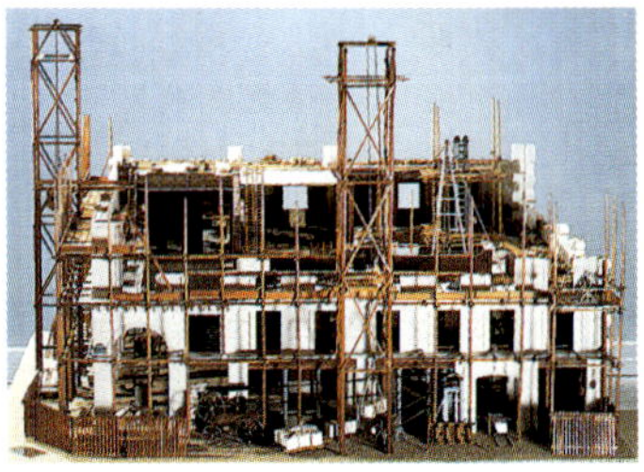

à son échelle. La présentation de modèles de ponts, de fondations, d'engins de levage, de grandes structures en bois ou en fer – longtemps dissimulés à la vue du public – offre l'occasion de véritables redécouvertes comme celle

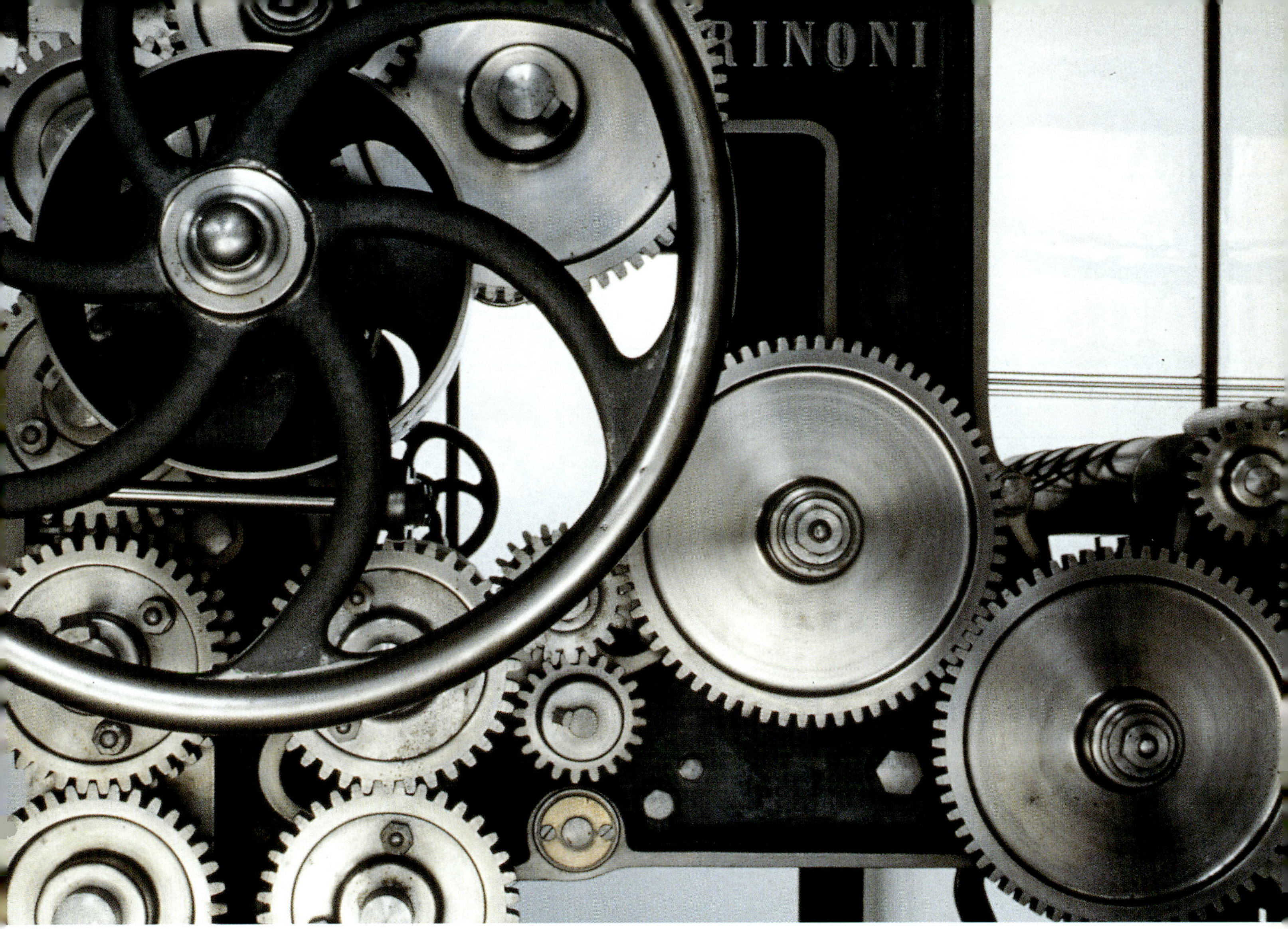

25

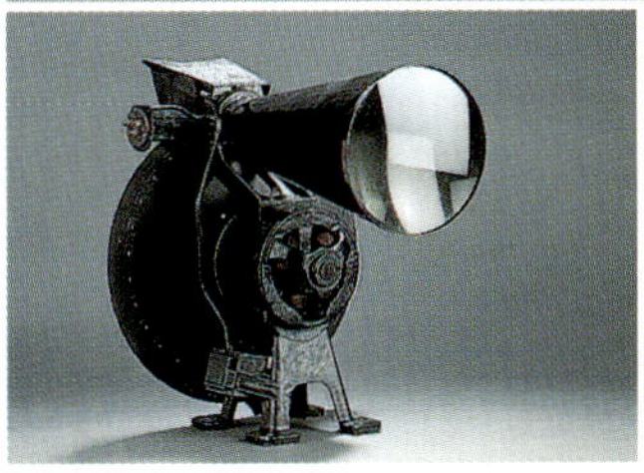

26

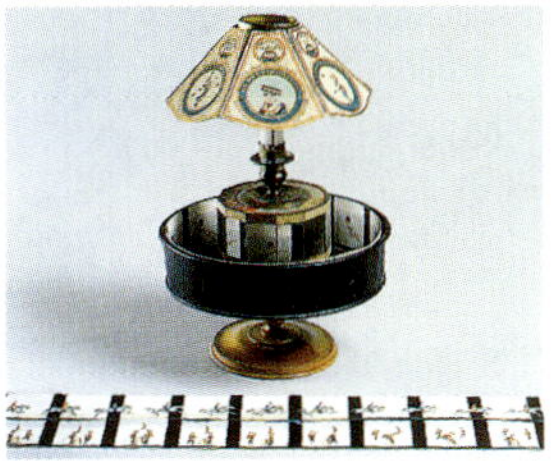

27

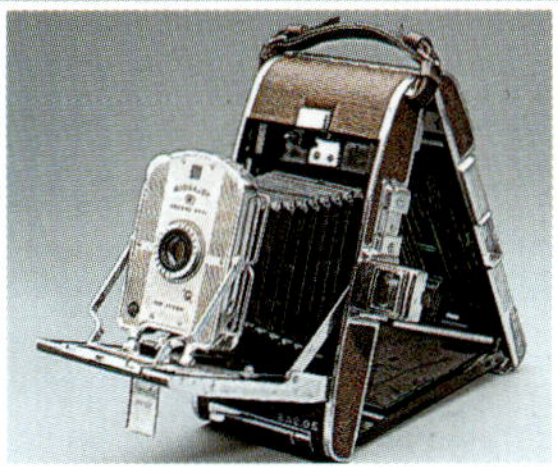

28

26. ***Récepteur de télévision 30 lignes de Barthélemy,* 1931.** Domaine Communication. © Fondation Paribas/ H. Maertens.

27. ***Praxinoscope jouet,* 1877.** Domaine Communication. © P. Faligot.

28. ***Appareil photographique dit «Polaroïd»,* 1947.** Domaine Communication.

du modèle du cône de Cherbourg, témoignage d'un projet datant de l'Ancien Régime pour la réalisation d'une immense digue, mais aussi chef-d'œuvre de charpenterie. Objet phare du domaine, la maquette d'un immeuble en construction rue de Rivoli en 1878 nous ramène à une échelle plus familière. Elle montre à la fois les métiers – taille et appareillage de la pierre, maçonnerie, serrurerie –, leur nécessaire coordination et les moyens mis en œuvre pour déplacer les fardeaux du chantier comme la locomobile à vapeur chargée du mouvement des treuils ou du broyeur à mortier.

La maquette animée de tunnelier, quant à elle, rappelle qu'aujourd'hui les travaux les plus impressionnants s'effectuent souvent de manière discrète sous nos pieds. *Anne-Laure Carré*

***Maquette de l'immeuble en construction rue de Rivoli à Paris,* 1879 (à gauche).** Domaine Construction. © P. Faligot.

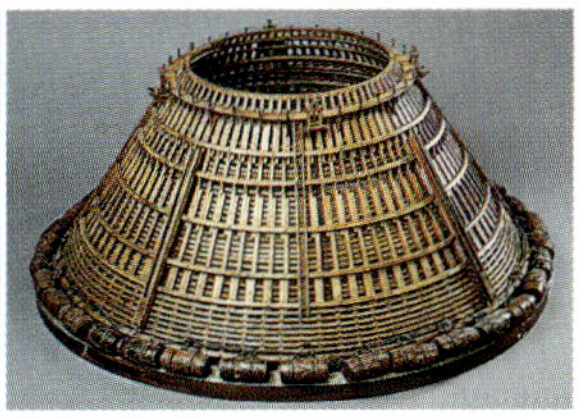

***Maquette du cône de Cherbourg,* vers 1885 (ci-contre).** Domaine Construction. © Fondation Paribas/H. Maertens.

29. ***Modèle de presse typographique à bras,* XVIIIe s.** Domaine Communication. © P. Faligot.

30. ***Prototype du Cinématographe des frères Lumière,* 1895.** Domaine Communication.

31. ***Phonographe à feuille d'étain d'Edison,* 1877.** Domaine Communication. © Fondation Paribas/ H. Maertens.

32. ***Télégraphe à bras de Chappe,* début XIXe s.** Domaine Communication.

33. ***Modèle réduit de presse en blanc à 2 cylindres et 2 margeurs, système Gaveaux,* vers 1845.** Domaine Communication. © Fondation Paribas/ H. Maertens.

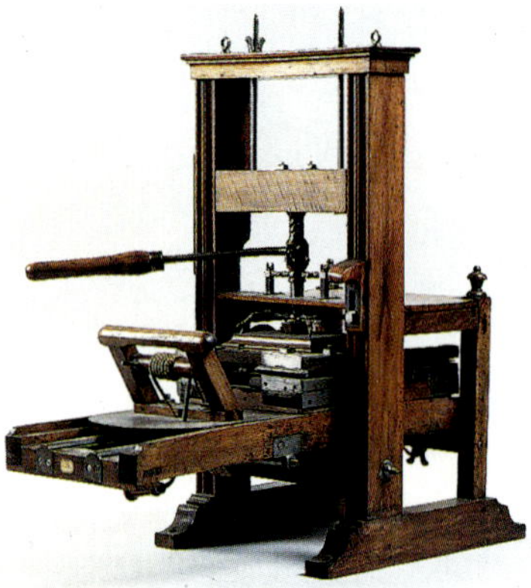
29

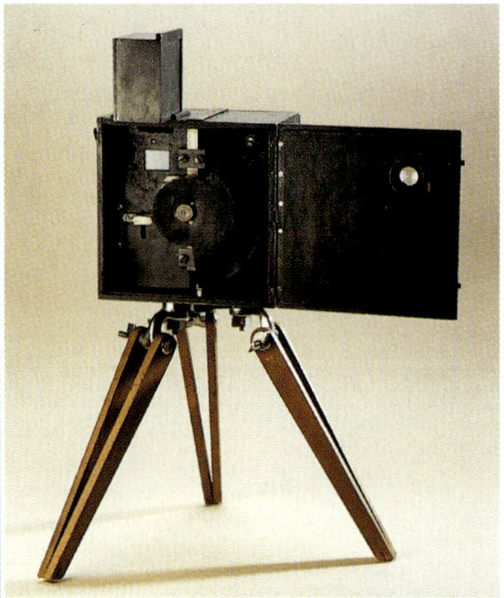
30

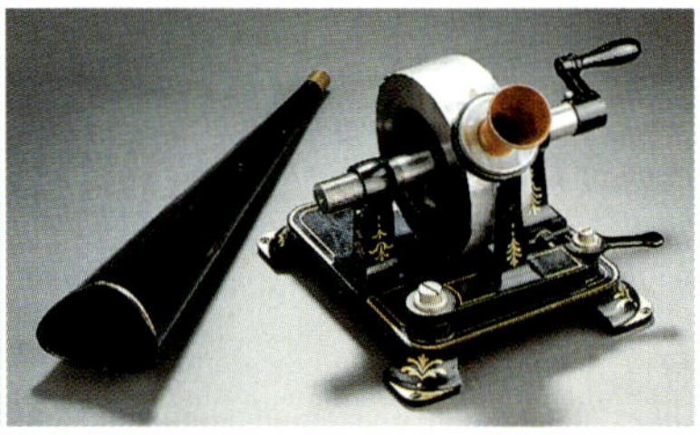
31

pas sans évoquer celle des lignées biologiques. On a parfois peine à y reconnaître les ancêtres d'objets qui nous sont pourtant devenus familiers, et ce regard décalé sur notre passé, déjà presque oublié, ne laisse pas d'être troublant. On peut voir, en ces murs, les instruments de la glorieuse conquête des airs, des mers et des terres par toutes sortes de moyens de transports. Un exemplaire du fardier (ill. 6) que Cugnot fit rouler en 1771 grâce au moteur à vapeur y est exposé. Cette pièce à l'impayable binette de batracien est une vedette. On sait le succès qu'eut le moteur à vapeur au cours des cent cinquante ans qui suivirent. Il propulsa le train sur le rail et les bateaux sur les eaux avant qu'on ne lui substitue des moteurs actionnés par d'autres formes d'énergie. Mais sur la route, la vapeur ne connut pas la même fortune. Le moteur à explosion la supplanta. Ce premier véhicule automobile, dont la lignée avorta, en est d'autant plus émouvant. Les airs furent aussi le théâtre d'aventures épiques. L'aéroplane à dégaine de chauve-souris de Clément Ader (ill. 22) et le modèle d'avion sur lequel Louis Blériot franchit la Manche sont au rendez-vous, splendides témoignages de l'aspiration des hommes à vaincre la pesanteur qui les tient prisonniers, pour s'élever dans les airs, vers

AU XIXe SIÈCLE, LA MACHINE SE BANALISE AU POINT D'ENTRER DE PLAIN-PIED DANS LA VIE QUOTIDIENNE.

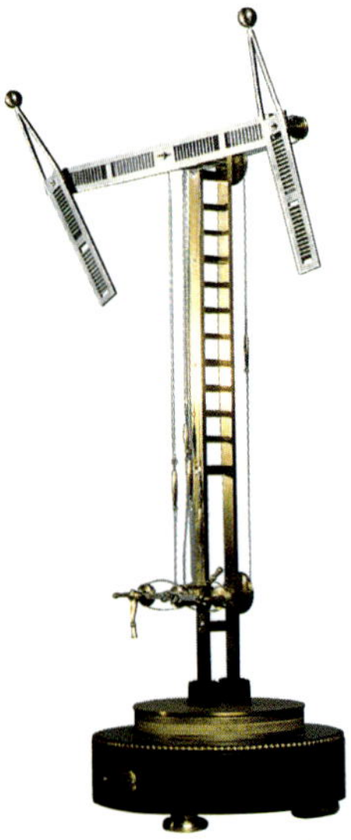
32

LES 7 DOMAINES — COMMUNICATION

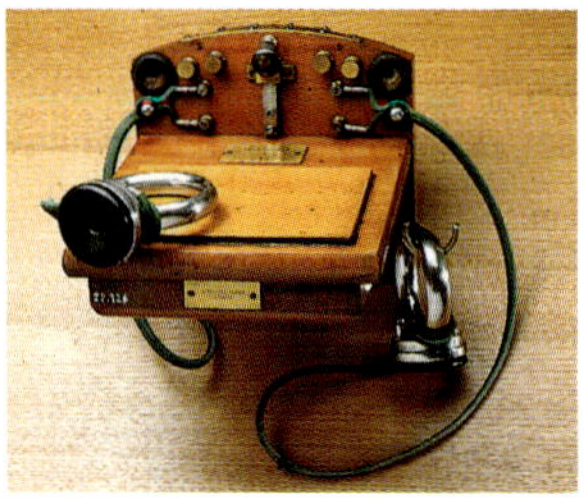

Le domaine de la communication regroupe plusieurs thématiques : l'imprimerie et les arts graphiques, la lanterne magique et la fantasmagorie, la photographie, la télégraphie, l'écriture et l'équipement de bureau, le cinéma, l'enregistrement et la reproduction du son, le téléphone, la radio, la télévision, les télécommunications et la micro-informatique. Les collections sont principalement axées sur le XXe siècle. Elles

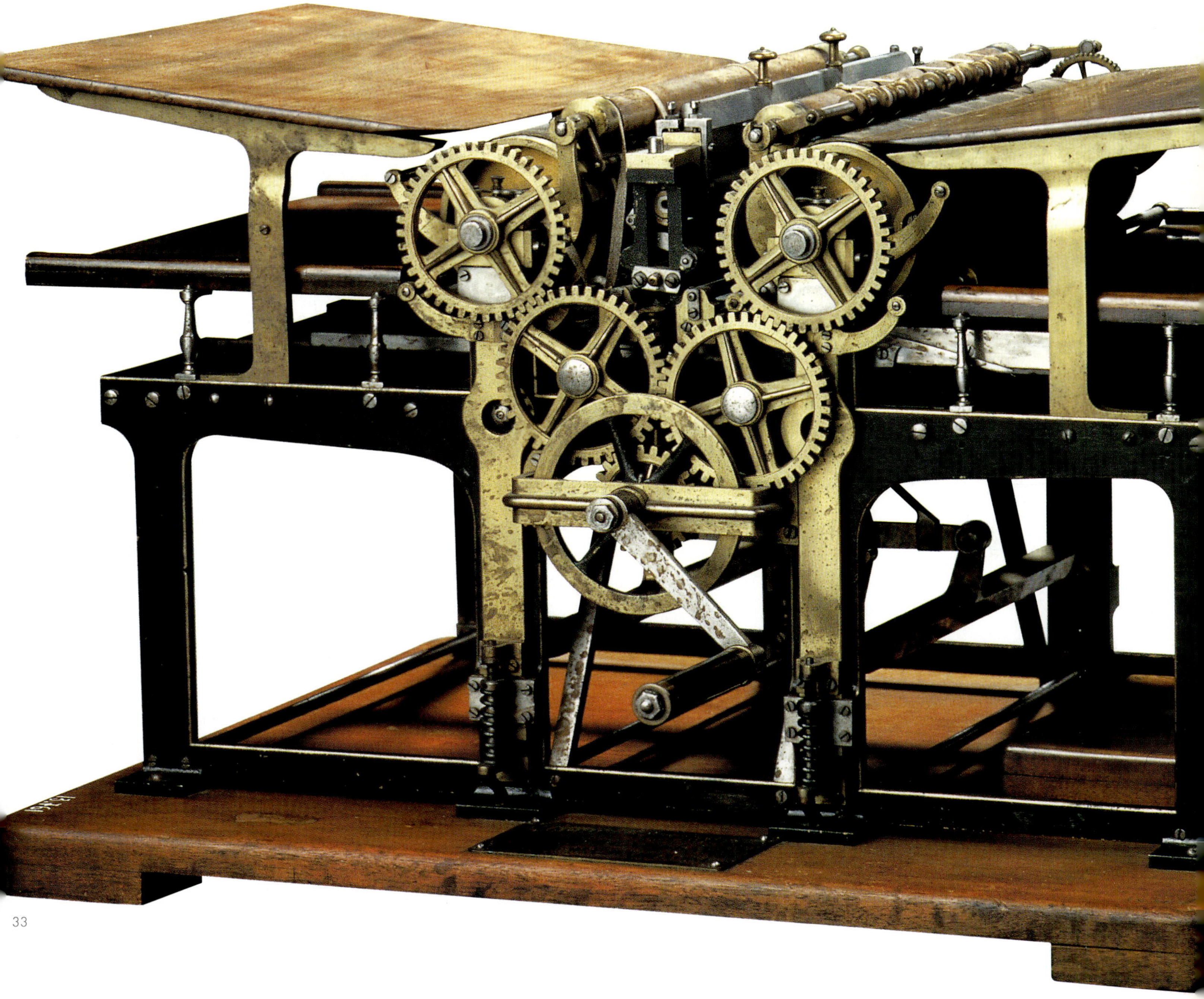

33

représentent environ 10 % de l'ensemble des collections des sept domaines. Parmi les objets les plus représentatifs, on trouve la chambre de Daguerre, l'un des prototypes du cinématographe des frères Lumière, la presse rotative de Marinoni, le télégraphe à une aiguille aimantée de Wheathone et Cooke, le phonographe à feuille d'étain d'Edison, le cohéreur de Branly, le récepteur de télévision de Barthélémy, le téléphone de Bell, le bélinographe de Belin, le récepteur de télégraphie sans fil de Ferrié ou la maquette du satellite de télécommunications Telstar. *Marie-Sophie Corcy*

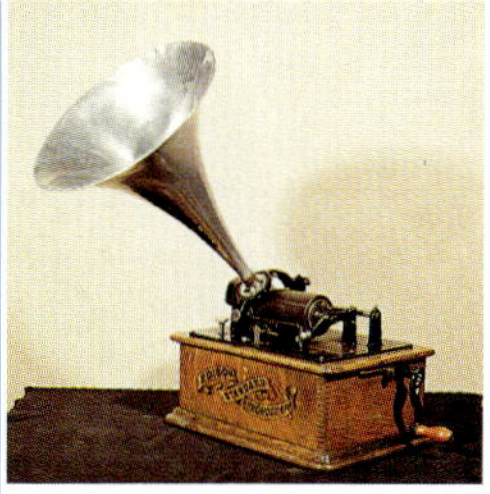

***Poste téléphonique, système Ader,* 1880 (à gauche).**
Domaine Communication.

***Phonographe d'Edison Record à 2 diaphragmes,* 1901 (ci-contre).**
Domaine Communication.

un espace grisant de liberté. Que la roue, l'aile, l'hélice et le réacteur aillent sur terre, dans l'eau, dans l'air, plus loin, plus haut, plus profondément, plus vite que le pied humain ou que les pattes, les ailes et les nageoires de l'animal ! Tel est l'hymne plein d'élan de la technologie des transports qui exalte la loi de magnification du geste naturel. Mais, non satisfait de transporter corps et biens à travers l'espace, l'homme s'est aussi appliqué à projeter au loin des signaux. Au primitif appel de voix ou au signe de la main, sont venus s'ajouter, au cours des âges, les signaux de fumée, le télégraphe, l'imprimerie, le téléphone, le fax, la radio, la télévision, Internet. Téléphone de Bell, caméra de Louis Lumière (ill. 30) ou téléviseur de Grammont sont visibles au Musée des arts et métiers. On sait, dès le XIXe siècle, transformer diverses sources d'énergie en électricité et l'on découvre les lois des ondes électromagnétiques. Cet acquis s'annonce capital. Les courants

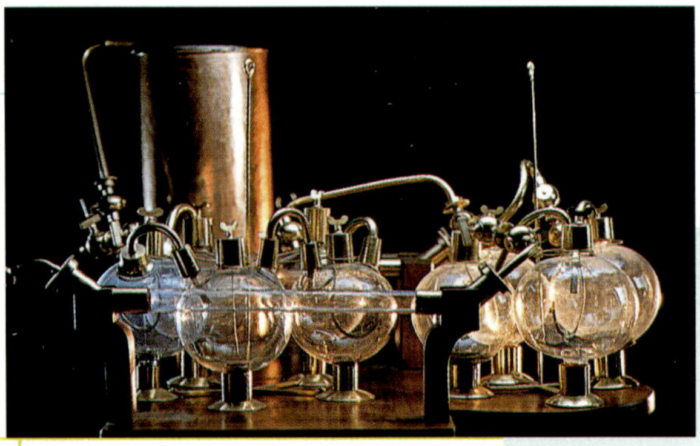

34

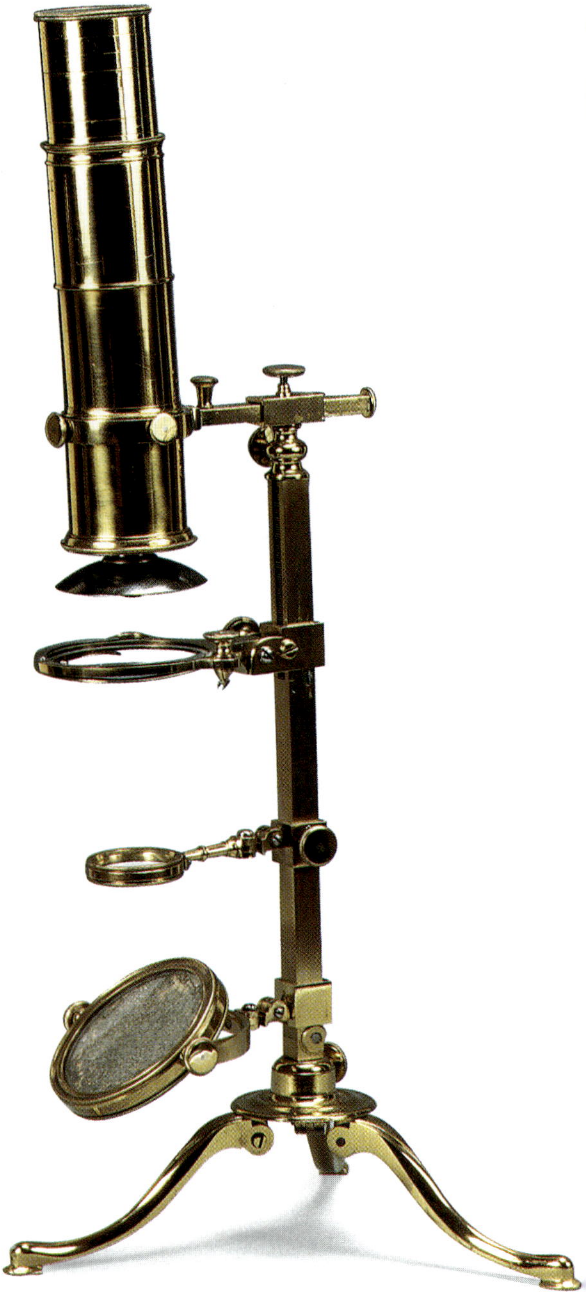

35

LES 7 DOMAINES — ÉNERGIE

Moulins à vent et roues hydrauliques, turbines hydrauliques et à vapeur, machines à vapeur, dynamos et magnétos, moteurs à gaz, à air chaud, à essence, diesel... Le domaine de l'énergie couvre un vaste champ, allant des énergies renouvelables à l'énergie nucléaire. L'hydraulique est illustrée par une impressionnante maquette de la machine de Marly, par des maquettes d'une roue de Poncelet, de turbines Fourneyron, Francis et Pelton. Un modèle de démons-

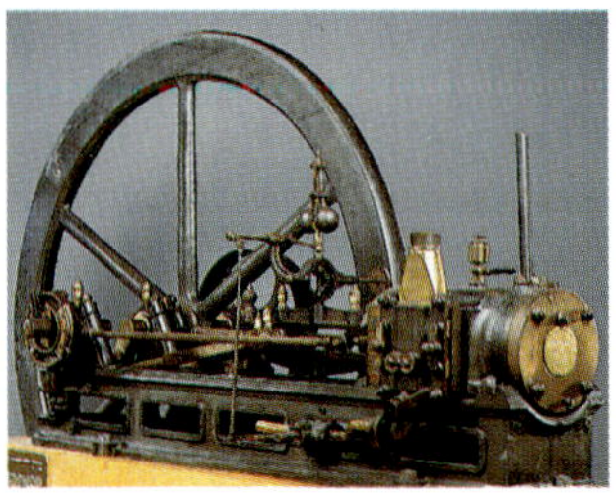

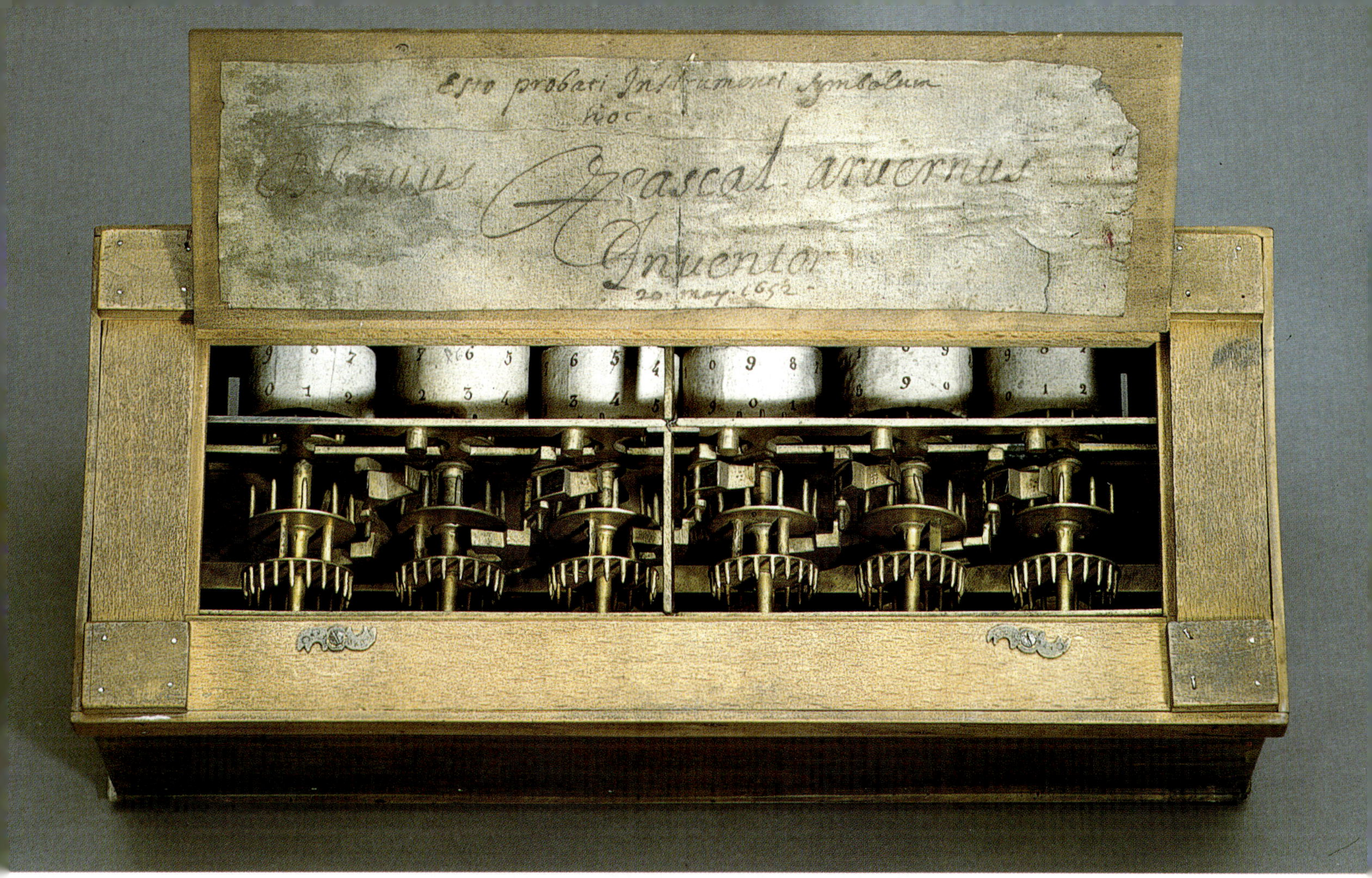

36

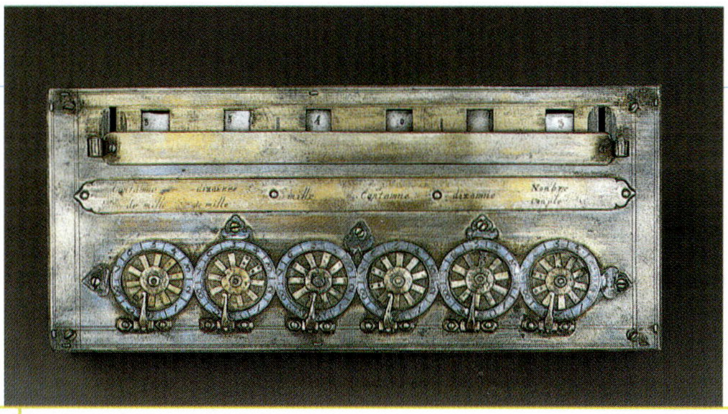

37

34. ***Appareil de Lavoisier pour l'étude de la combustion des huiles Fortin*, 1788.** Domaine Instrument scientifique. © F. Delastre.

35. ***Microscope composé ayant appartenu à Lavoisier*, XVIIIe s.** Domaine Instrument scientifique. © P. Faligot.

36. (détail du mécanisme) et 37. ***Machine arithmétique de Pascal (à 6 chiffres sans sous ni deniers)*, 1642.** Domaine Instrument scientifique. © J. C. Wetzel.

tration de la pompe à feu de Savery, un autre de la machine élévatoire à vapeur de Papin ou des machines de Newcomen, de Watt, de Maudslay, de Corliss, montrent bien la progression de ces machines qui ont accompagné la révolution industrielle. Des objets essentiels à la compréhension de l'évolution de l'électricité depuis la pile de Volta jusqu'à une maquette de centrale nucléaire en passant par la dynamo de Gramme sont présentés. D'autres objets grandeur nature, comme la machine à vapeur de Maudslay, le moteur à gaz de Lenoir ou le moteur Diesel redonnent à cette salle, où sont essentiellement exposées des maquettes, une échelle réaliste. *ÉLISABETH DRYE*

***Moteur à gaz de Lenoir*, 1861.** Domaine Énergie. © Fondation Paribas/H. Maertens.

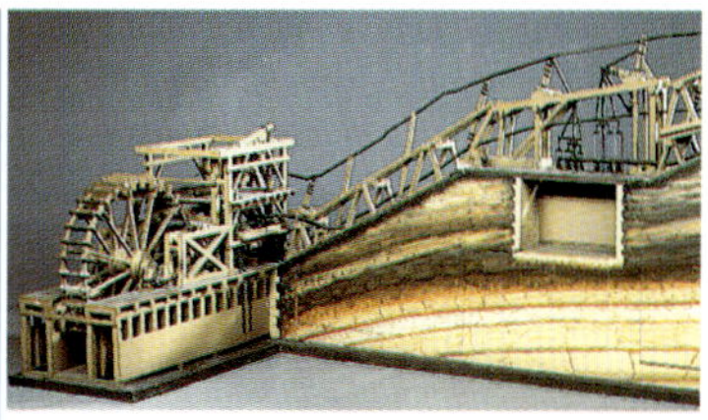

***Modèle de la machine de Marly*, XVIIIe s.** Domaine Énergie. © Fondation Paribas/ H. Maertens.

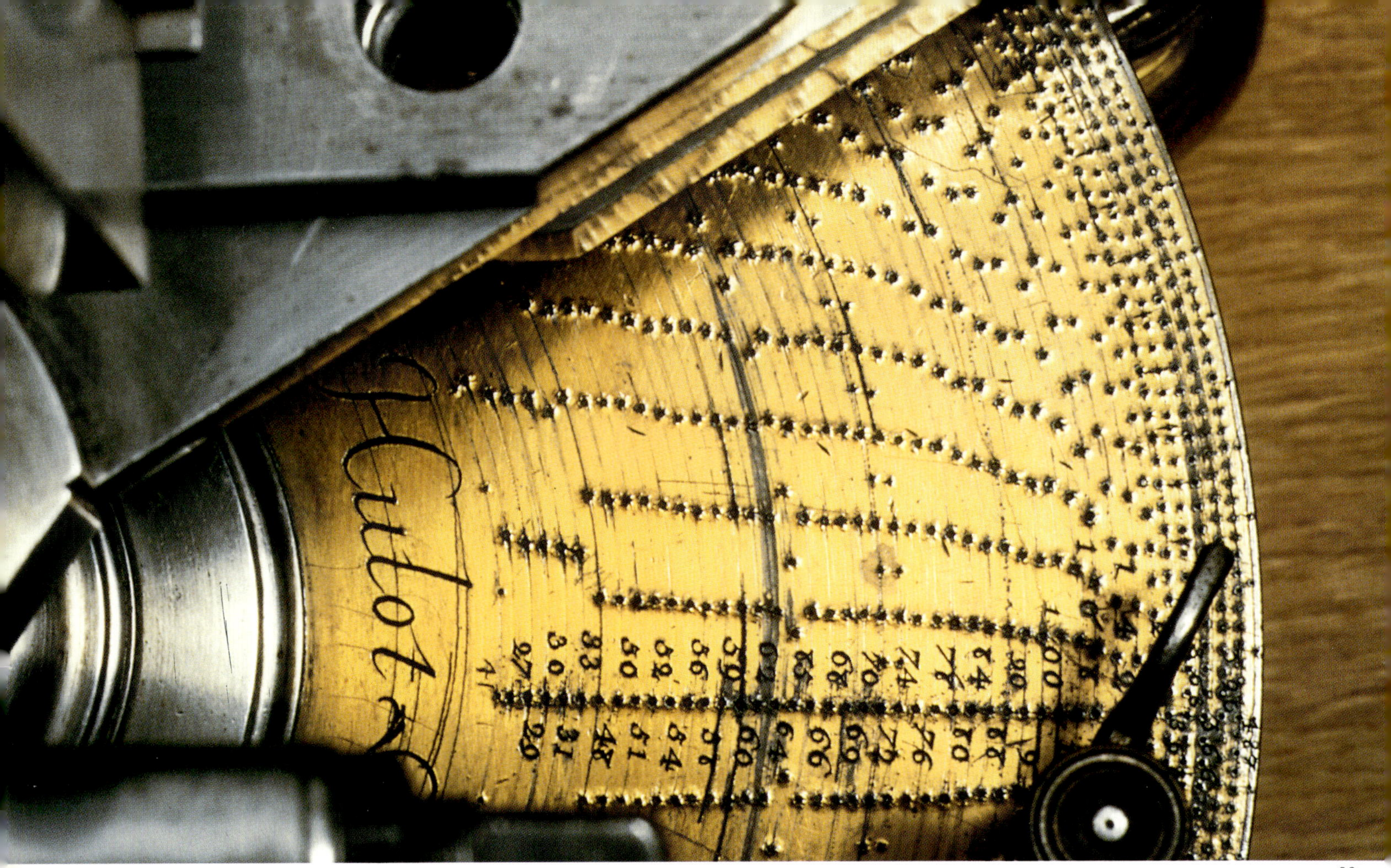

38

électriques se révèlent en effet susceptibles d'être modulés avec une finesse incomparable.
La connaissance des ondes électromagnétiques permit de véhiculer du sens, du son et de l'image à d'immenses distances et avec une fulgurante rapidité. Voilà donc encore un exemple de cette amplification de l'efficacité de l'originaire geste naturel, à laquelle la quête technique semble fidèlement attachée.
Mais la reproduction du geste ou le transport du signe ne sont pas les seuls domaines techniques où l'homme exprime ses capacités d'invention.
Les bouliers constitués de perles enfilées sur des axes parallèles apparurent voilà plusieurs milliers d'années. Ils permettent d'effectuer, par énergie manuelle, un certain nombre d'opérations arithmétiques (addition, soustraction, multiplication, division). Dans ce cas, l'outil ne prolonge pas un geste mais extériorise le processus intérieur du calcul en le concrétisant.
Chacun connaît l'âpreté de l'effort exigé par le calcul mental et nul doute que le boulier ne soit né sous la pression de l'impératif du moindre effort

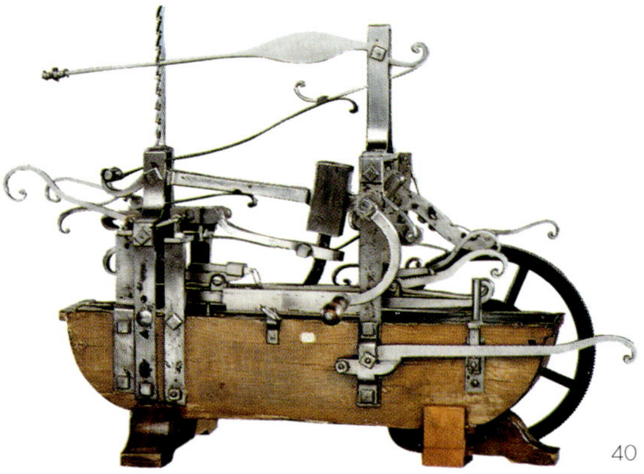

40

LES 7 DOMAINES **MÉCANIQUE**

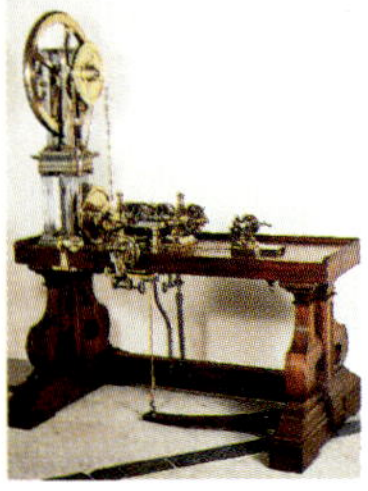

Le Musée des arts et métiers est parfois appelé le Musée de la mécanique, ce qui laisse imaginer la richesse de ses collections dans ce domaine, qui s'organise aujourd'hui autour de trois axes. Celui du mouvement est représenté par de multiples objets illustrant les mécanismes élémentaires et toutes sortes de transmissions de mouvements :

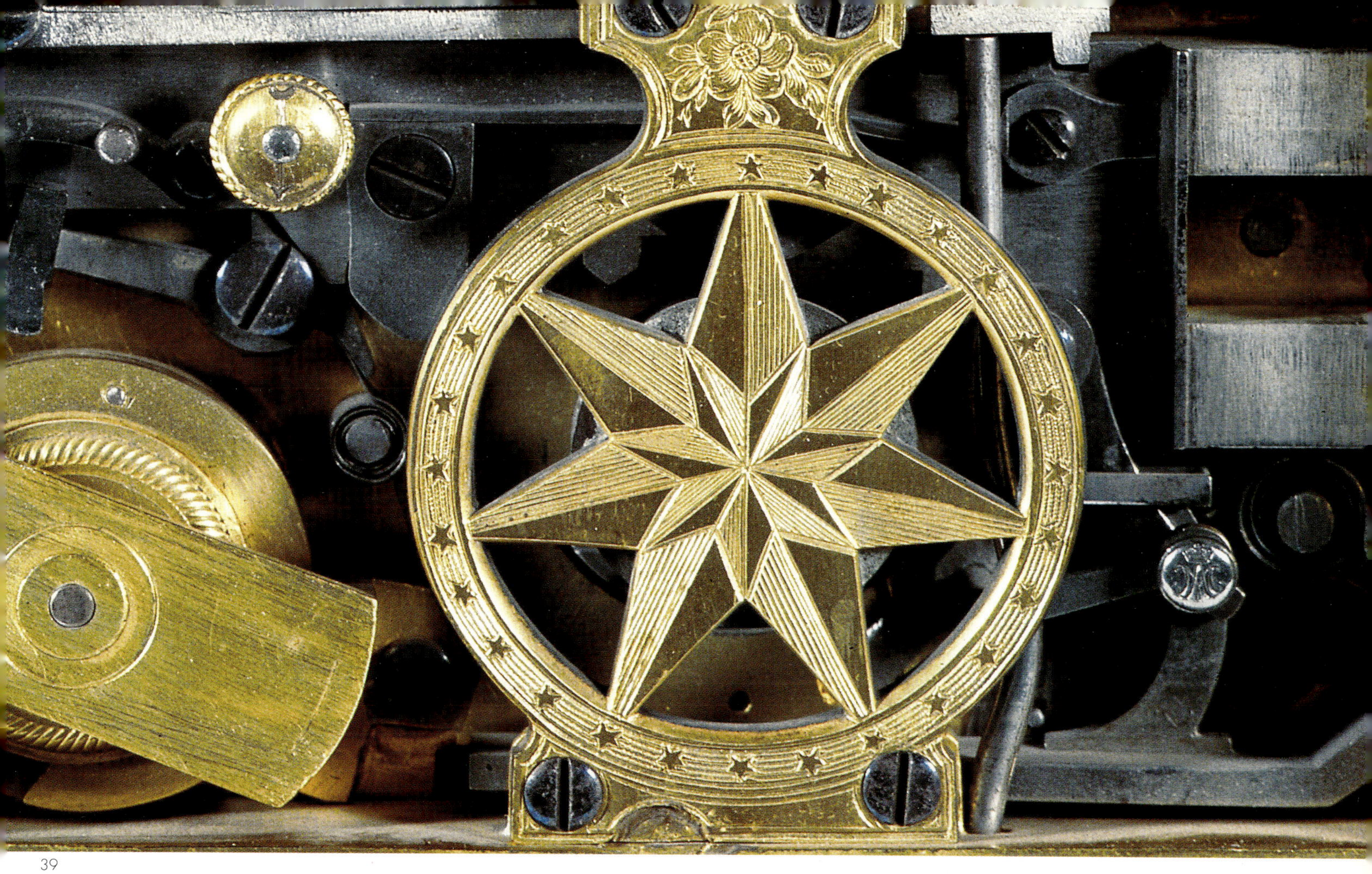

39

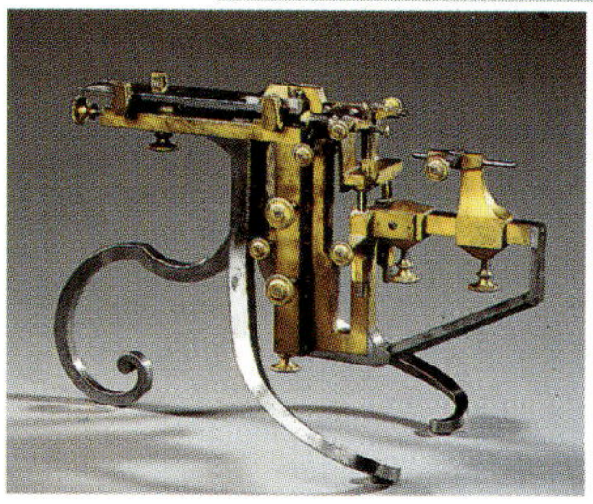

41

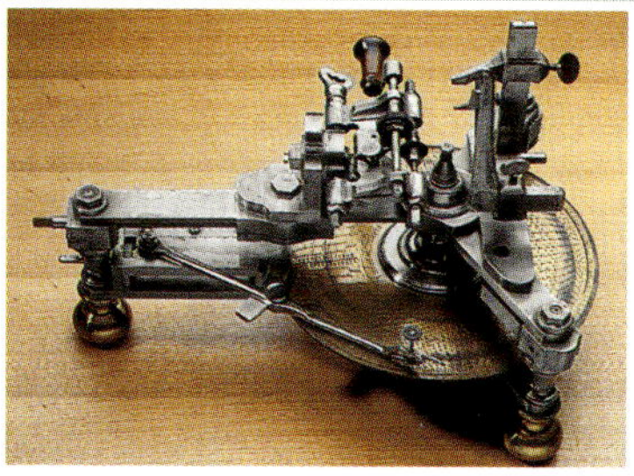

42

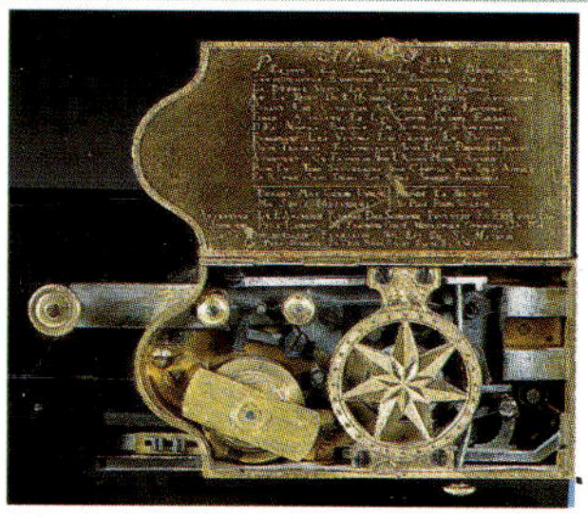

43

38 et 42. ***Machine à fendre les roues d'horlogerie de Hulot,* 1760.** Domaine Mécanique.

39. et 43. ***Serrure à combinaison et à pompe de Poux-Landry, dédiée au roi Louis XVI,* XVIIIe s.** Domaine Mécanique. © P. Faligot.

40. ***Machine à tailler les limes,* vers 1750.** Domaine Mécanique.

41. ***Machine à arrondir les dents de roues de Gautier,* 1766.** Domaine Mécanique. © Fondation Paribas/ H. Maertens. (40 et 41).

***Tour à guillocher de Mercklein construit pour le roi Louis XVI,* 1780 (à gauche).** Domaine Mécanique. © J. C. Wetzel.

***Mécanisme à croix de Malte de Schroeder,* 1867 (ci-contre).** Domaine Mécanique. © C. Le Toquin.

leviers, treuils, poulies, roulements à billes, courbes roulantes, engrenages en bois, qui forment un fascinant ballet lorsqu'ils sont animés. Vient ensuite la petite mécanique, avec les tours destinés à fabriquer des outils, des pièces d'horlogerie, mais aussi de magnifiques serrures ouvragées et les chefs-d'œuvre de François Barreau, telles ses sphères tournées en buis, en ébène et en ivoire. Les machines-outils constituent le dernier axe. À côté du tour à guillocher fabriqué par Mercklein pour le roi Louis XVI figurent des machines primordiales dans l'histoire des techniques, comme le tour à tailler les vis de Senot, les machines à raboter, aléser, fileter de Fox ou celle à raboter de Whitworth. *ÉLISABETH DRYE*

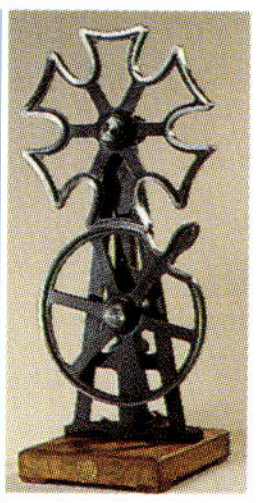

44. ***Machine à coudre de Singer*, 1889.** Domaine Mécanique.

45 et 46. (détails) ***Métier à tisser de Vaucanson*, 1746.** Domaine Matériaux. © F. Behar.

47. (détail) et 48. ***Courbes roulantes de Clair*, XIXe s.** Domaine Mécanique. © M. Pasquet.

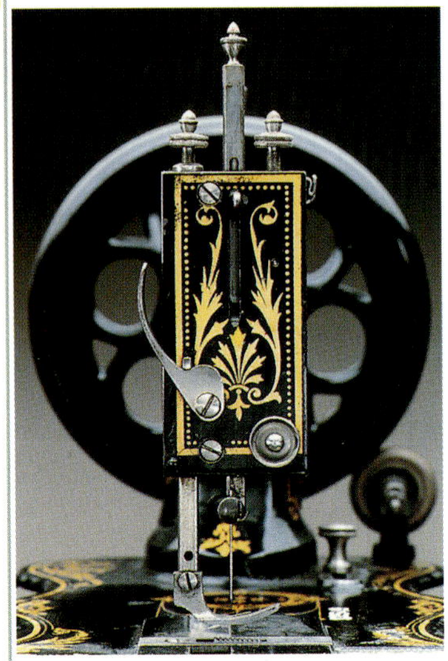
44

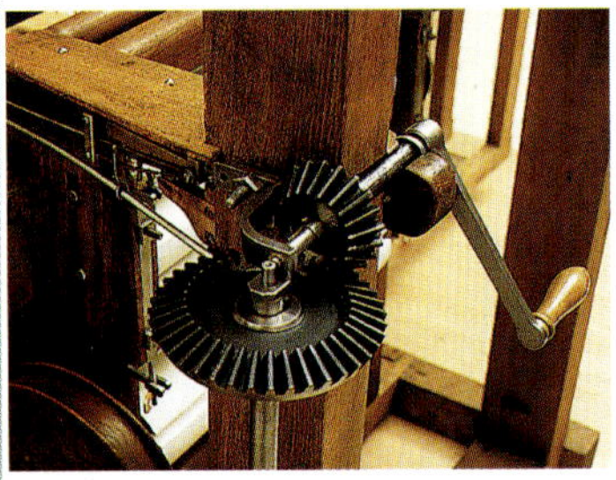
45

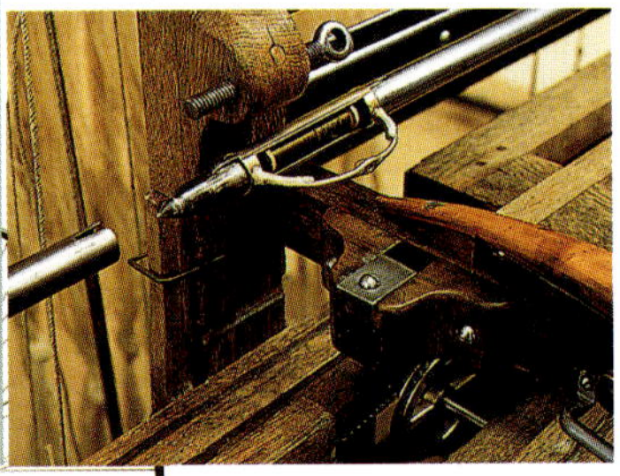
46

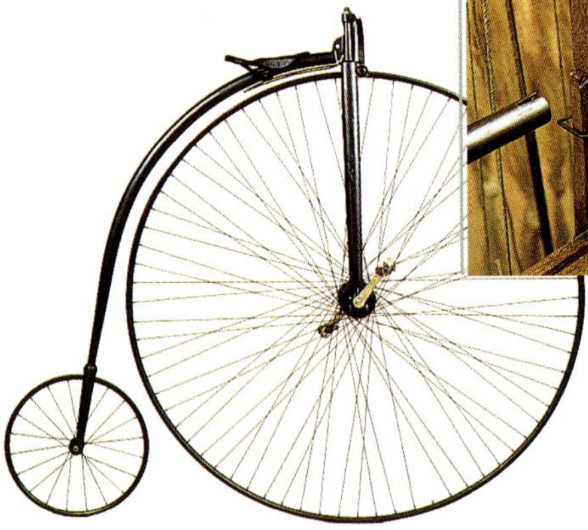

et de sa loi corollaire, celle de l'efficacité. Le boulier limite en effet les risques d'erreur de calcul. Il est l'ancêtre d'une lignée de machines, promise à un développement décisif dans l'histoire des hommes. C'est au XVIIe siècle que les premières machines à calculer furent réalisées. Celle conçue par Pascal est exposée au Musée des arts et métiers. Construite assez grossièrement par un horloger de Rouen, elle n'eut guère d'applications mais elle préfigure une génération de machines dont les tâches de calcul dépassent largement la seule arithmétique pour déboucher sur des représentations formelles bien plus complexes. L'algèbre binaire que Boole décrivit au XIXe siècle, la connaissance des phénomènes électromagnétiques et la maîtrise des matériaux capables de véhiculer des courants électriques de faible intensité accouchèrent de l'ordinateur. Cela advint il y a une cinquantaine d'années seulement.
Hormis que l'ordinateur est à même de réaliser des calculs avec une sûreté et une rapidité auxquelles aucun cerveau humain ne peut prétendre, il présente aussi une nouveauté de taille par rapport aux précédentes générations de machines. Il est en effet capable de simuler certaines fonctions de décision de l'homme. La «machine universelle» de Thuring, son inventeur, parvient donc, par la simulation de fonctions vitales, à un niveau d'autonomie encore

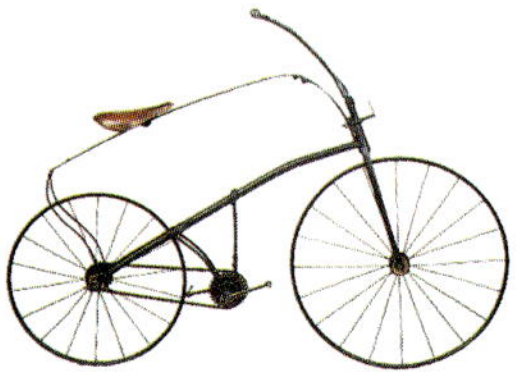

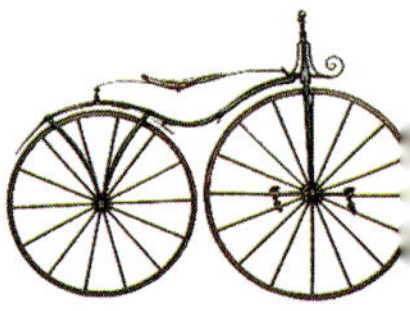

LES 7 DOMAINES — TRANSPORTS

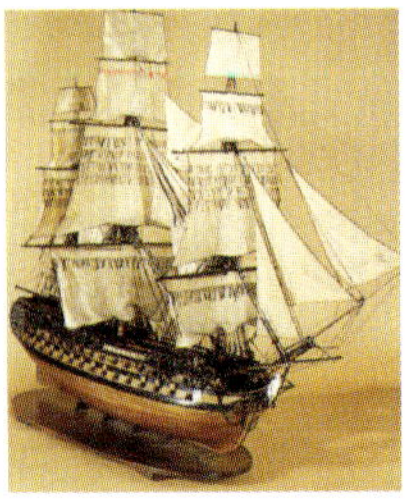

Dernier venu dans le parcours de l'exposition permanente, le domaine des transports présente l'évolution des techniques mises au point pour «transporter», c'est-à-dire soulever une charge, pour la déplacer à l'aide d'un véhicule que cela soit par mer, voie d'eau, route, voie ferrée ou air. La première période montre la prédominance des transports en bateau, prolongés par le cheval sur les chemins de terre. Ils sont complétés et bientôt supplantés par le chemin de fer au

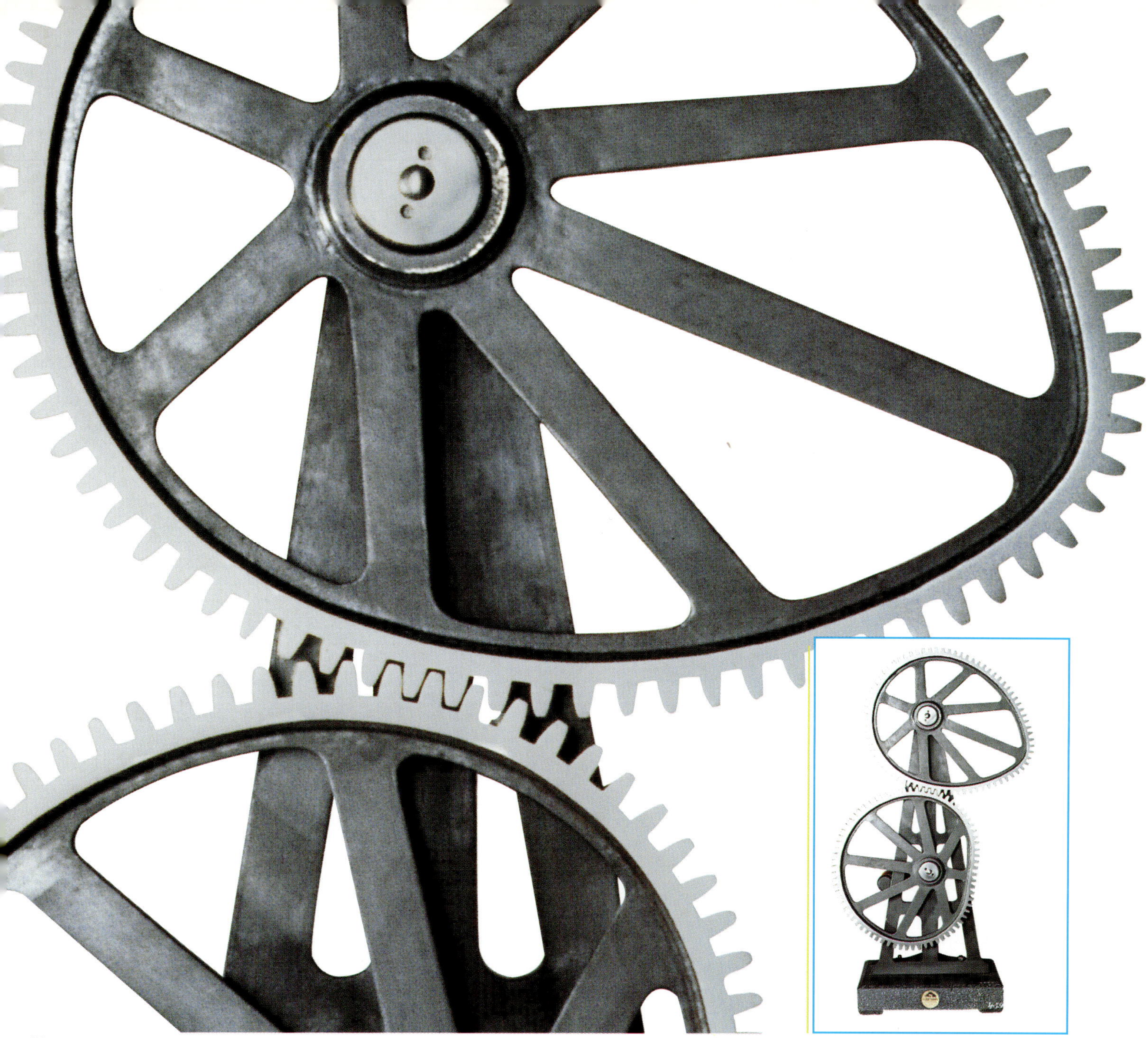

47

48

XIXe siècle. Après 1920, l'automobile s'impose à son tour grâce à sa souplesse, et l'avion raccourcit les distances. Les collections soulignent cette évolution et présentent des pièces exceptionnelles et spectaculaires : l'extraordinaire avion Éole III (1897) de Clément Ader, le «chariot à feu» de Cugnot (1769), premier véhicule terrestre véritablement «automobile», portant sa propre machine motrice à vapeur; les modèles des plus célèbres locomotives, Crampton ou Pacific 231, ou encore la célèbre Ford T, première voiture construite en plusieurs millions d'exemplaires. *Louis André*

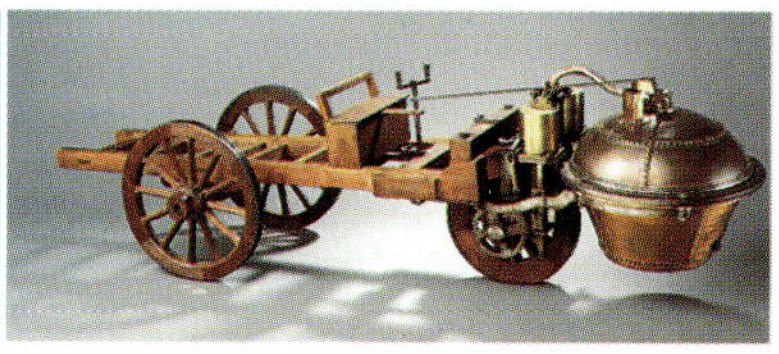

Le Roi de Rome, modèle, **vers 1811.**
Domaine Transports.

Modèle du fardier de Cugnot, **début XIXe s.**
Domaine Transports.
© Fondation Paribas/ H. Maertens.

« Et l'eau coule comme les pleurs. Sans jamais rien qui la retienne. Lorsque j'entends le bruit de pluie. De la machine de Marly. Pourquoi donc ai-je tant de peine ? »

Francis Blanche

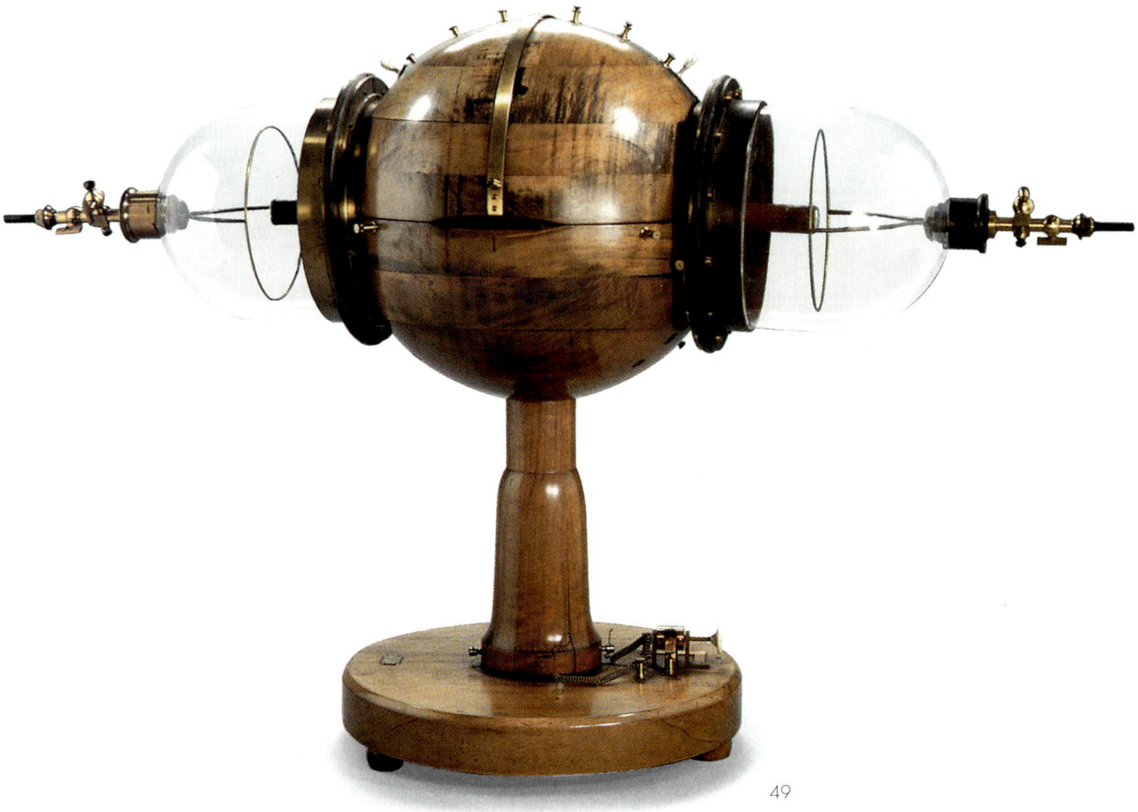

49

jamais atteint par aucune autre sorte de machine. La sophistication des moyens mécaniques commandés par l'ordinateur, la complexité et la diversité des tâches qu'il accomplit, constituent la plus récente étape de cette extériorisation des fonctions humaines, initiée dans la nuit des temps avec l'apparition de l'outil. De l'outil, organe entièrement dépendant du corps, à la machine dirigée par un simulacre de cerveau, la fantastique trajectoire de la quête technique prend soudain l'aspect d'une tentative démiurgique.

Sous les voûtes de l'abbaye de Saint-Martin-des-Champs, on peut voir les témoignages de l'immémoriale et complice rivalité entre *homo faber* et *homo sapiens* et deviner leurs influences mutuelles.

La science s'est fixé comme tâche de se représenter le monde, de le comprendre. Pour ce faire, elle n'a de cesse de mesurer et quantifier. Elle est aussi contrainte de vérifier ses intuitions théoriques par l'expérience. Voilà en quoi elle fut et reste encore tributaire de la technique, qui lui fournit aussi bien ses instruments de mesure que d'observation. Si, depuis la nuit des temps, *homo faber* semble avoir toujours précédé *homo sapiens,* depuis deux siècles les exemples où la science devance la technique sont de plus en plus nombreux.

SI *HOMO FABER* SEMBLE TOUJOURS AVOIR PRÉCÉDÉ *HOMO SAPIENS*, DEPUIS DEUX SIÈCLES LA SCIENCE TEND À DEVANCER LA TECHNIQUE.

Les instruments scientifiques exposés au Musée des arts et métiers nous donnent à contempler le domaine magique de la précision. Ils sont destinés à mesurer les positions des étoiles si utiles aux marins, à piéger des éléments comme la lumière pour en connaître les propriétés, à traquer le temps dans ses demeures les plus subtiles grâce à d'étranges horloges ou à reproduire des effets électromagnétiques comme ceux de l'aurore boréale (ill 49).

Le pendule de Foucault, qui inspira Umberto Eco, nous donne à percevoir, par son oscillation,

49. ***Appareil de La Rive pour la reproduction de l'aurore boréale, 1864.***
Domaine Instrument scientifique.
© C. Le Toquin.

50., 51. et 52. (détails) ***Tour à guillocher de Mercklein, construit pour le roi Louis XVI, 1780.***
Domaine Mécanique.

53. (détail) ***Tour à tailler les vis de Senot, 1795.***
Domaine Mécanique.

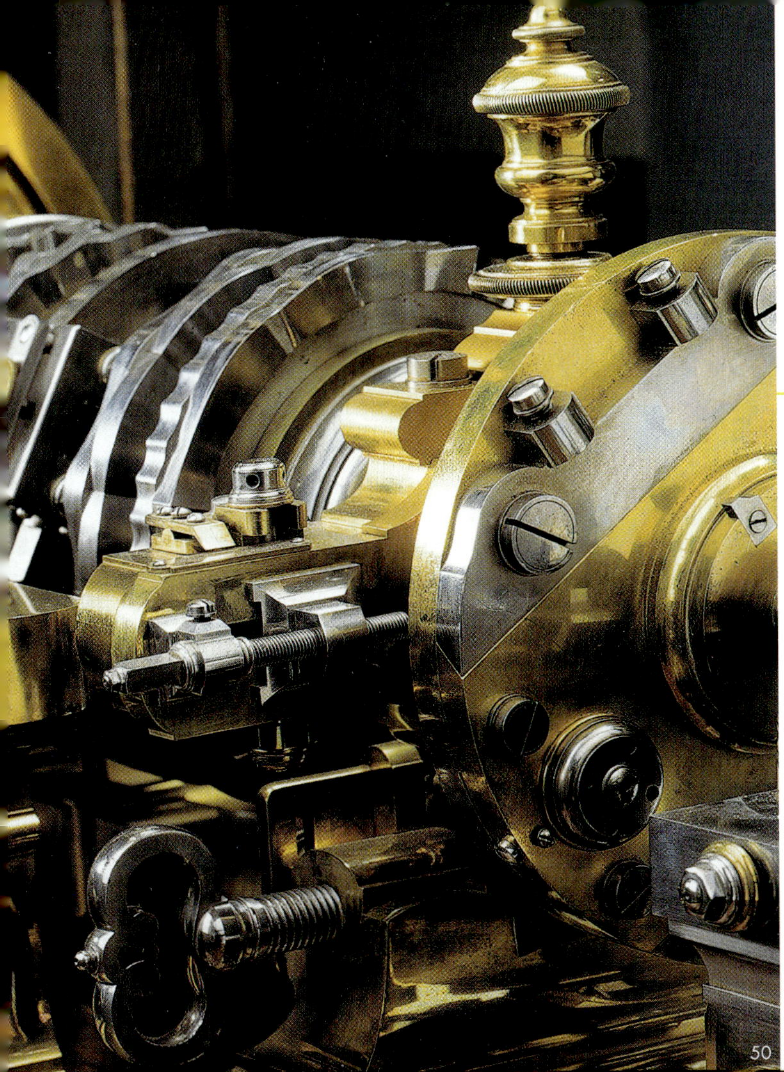
50

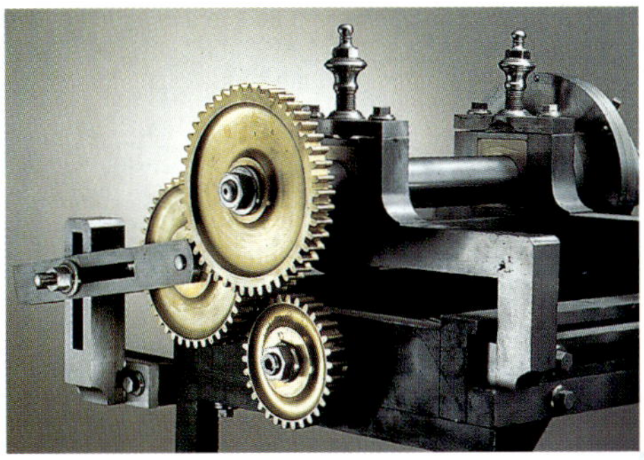
53

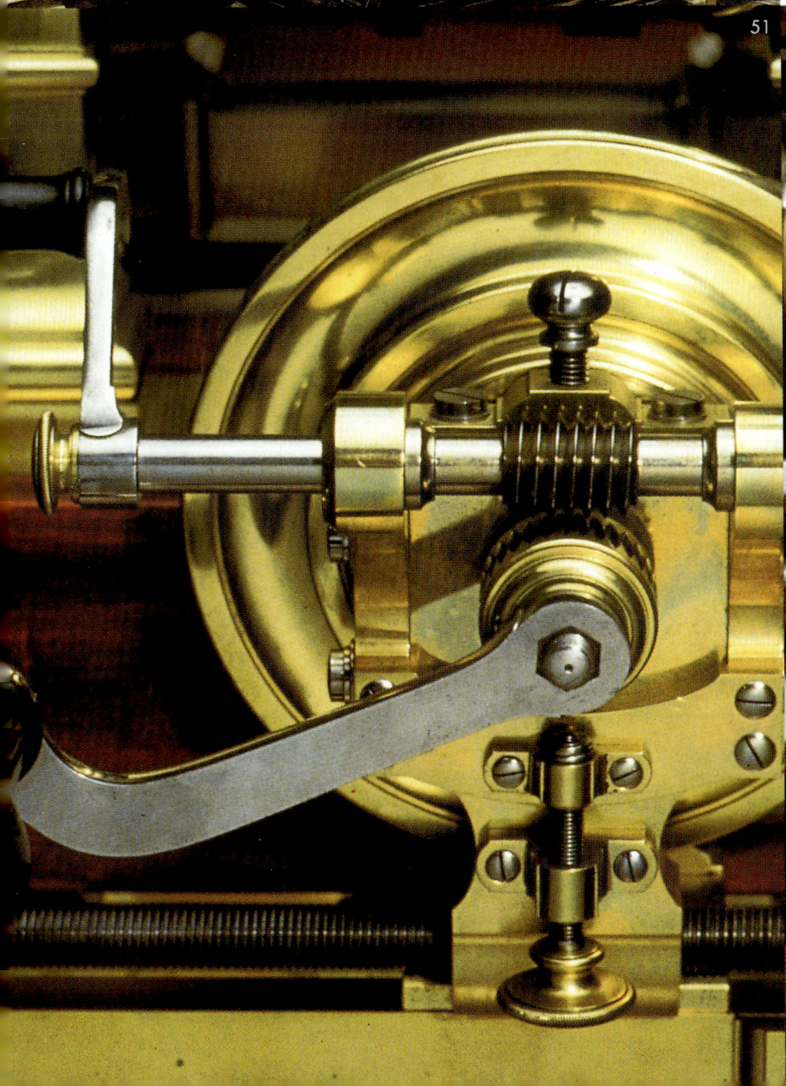
51

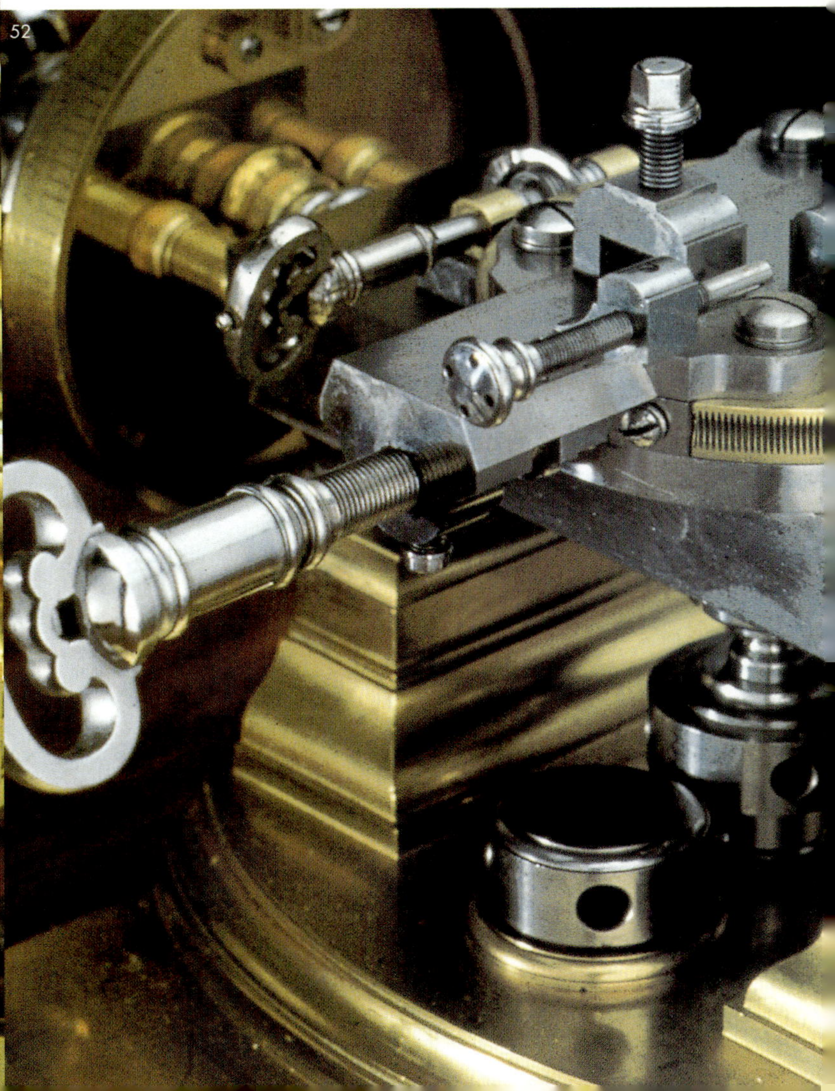
52

54

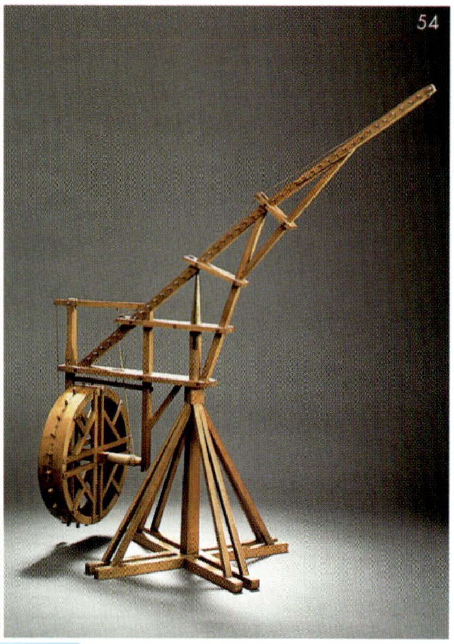

55

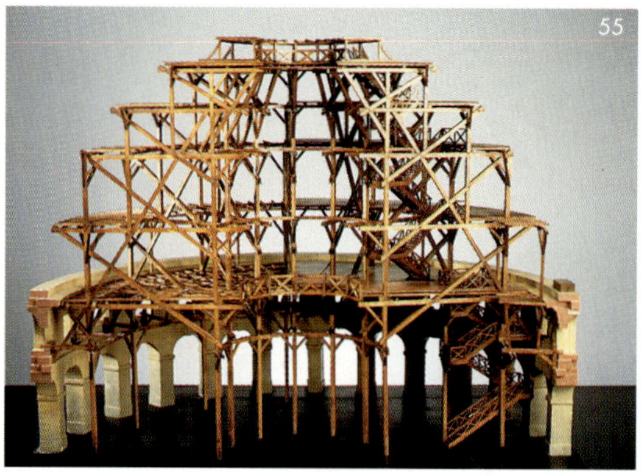

56

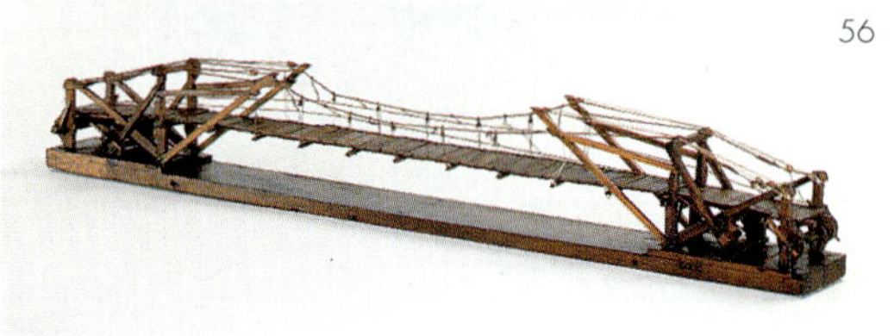

57

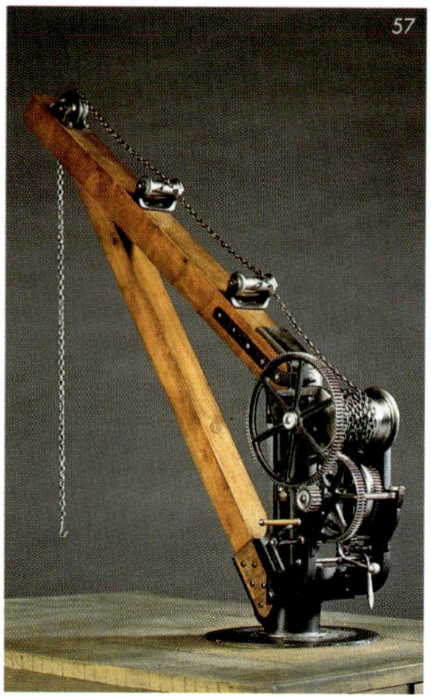

54. ***Grue de Brulé*, XVIIIe s.**
Domaine Construction.
© Fondation Paribas/
H. Maertens.

55. ***Maquette de l'échafaudage construit pour la pose de la coupole de la Halle au blé à Paris*, 1811.**
Domaine Construction.

56. ***Modèle de pont suspendu en bois*, 1793.**
Domaine Construction.
© P. Faligot.

57. ***Modèle de la grue de Cavé par Clair*, vers 1840.**
Domaine Construction.
© Fondation Paribas/
H. Maertens.

58. ***Maquette de la fusée Ariane 5*, 1997.**
Domaine Transports.
© P. Faligot.

59. ***Masque de laboratoire*, XVIIIe s.**
Domaine Instrument scientifique.
© Fondation Paribas/
H. Maertens.

58

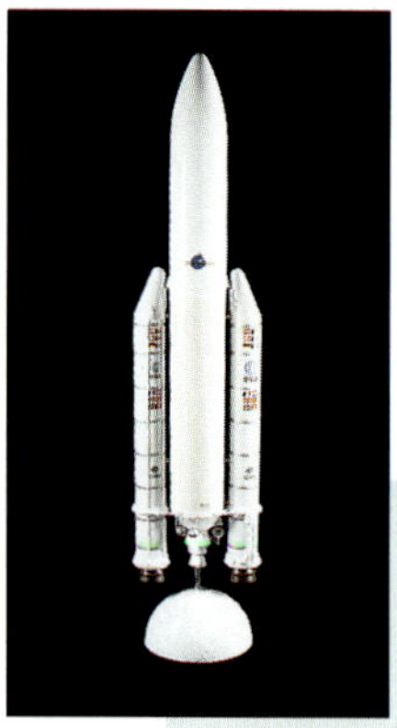

le vertigineux tourbillonnement de la terre dans l'espace. Tenons-le pour emblème de l'établissement, car au voisinage de son imposant balancier appendu à la voûte de la chapelle la sensation d'appartenir au monde est inoubliable. À la fin du XXe siècle, l'intelligence artificielle et ses machines semblent appelées à un avenir lourd de possibilités; on maîtrise la télécommunication, le voyage interplanétaire est possible, et l'on sait manipuler le code génétique *in situ;* production et consommation d'énergie se sont accrues dans des proportions colossales et en un temps record, au point de modifier les équilibres à la surface de la planète. Et nul ne peut prédire, à coup sûr, l'issue de ce chambardement sans précédent. Si la main qui manipule l'ordinateur est toujours la même que celle qui façonnait le silex, qu'en est-il du cerveau qui la commande ? Où nous mène donc cette folle chevauchée technologique ? Voilà bien le «thriller» anthropologique que nous propose la vénérable institution fondée par l'abbé Grégoire. Le miroir qu'elle nous tend au travers des objets exposés nous permet de mirer le destin de l'homme. C'est une rare aubaine dont chacun pourra désormais profiter.

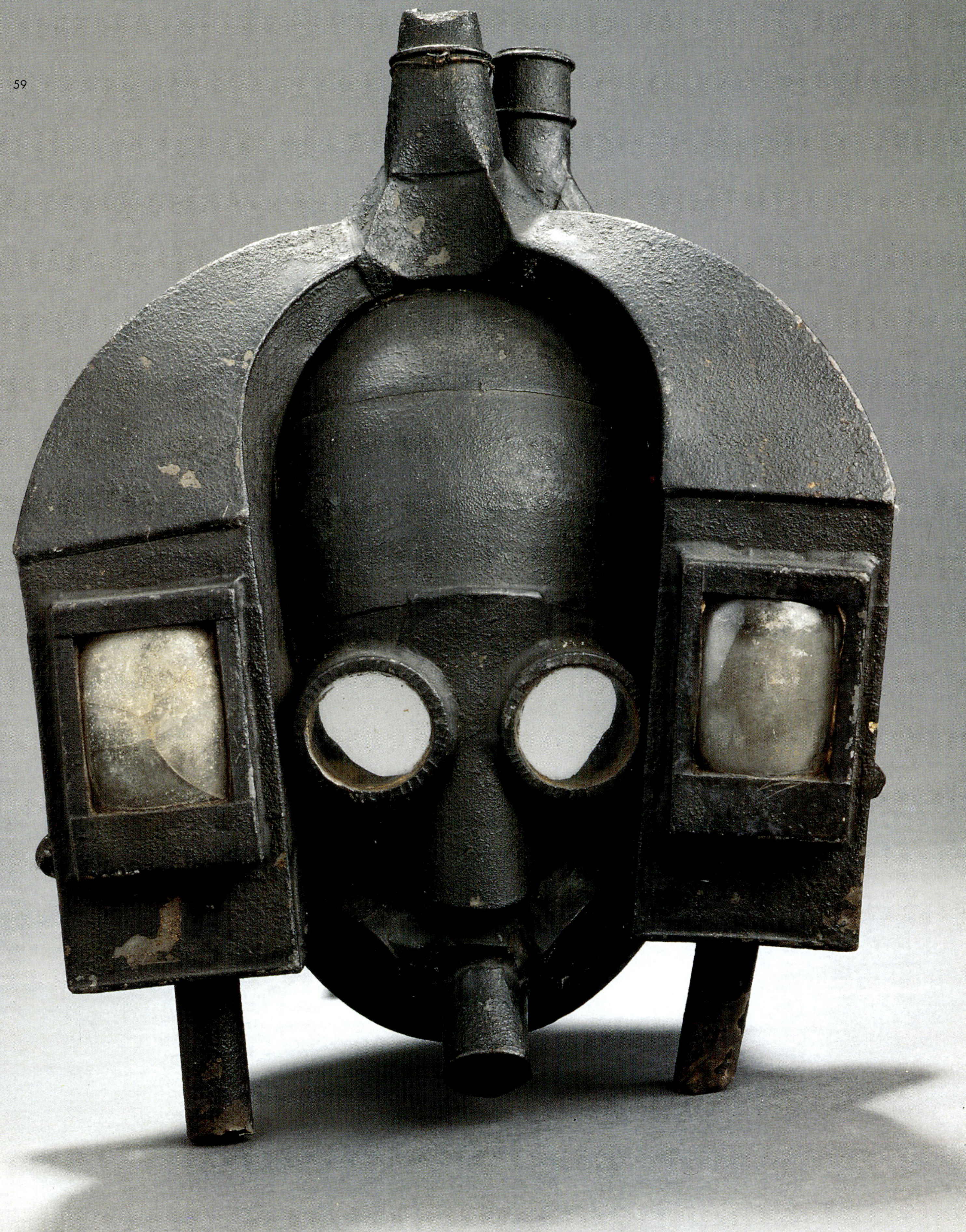

LE PENDULE de Foucault

1., 2., 3., et 5. (détail)
Le pendule de Foucault de 1855, dans la chapelle du musée.
© F. Delastre (1 et 3).
© J. C. Wetzel (2).

4. ***L'expérience du pendule de Foucault au Panthéon,*** **1851**, gravure.
© Bibliothèque du CNAM.

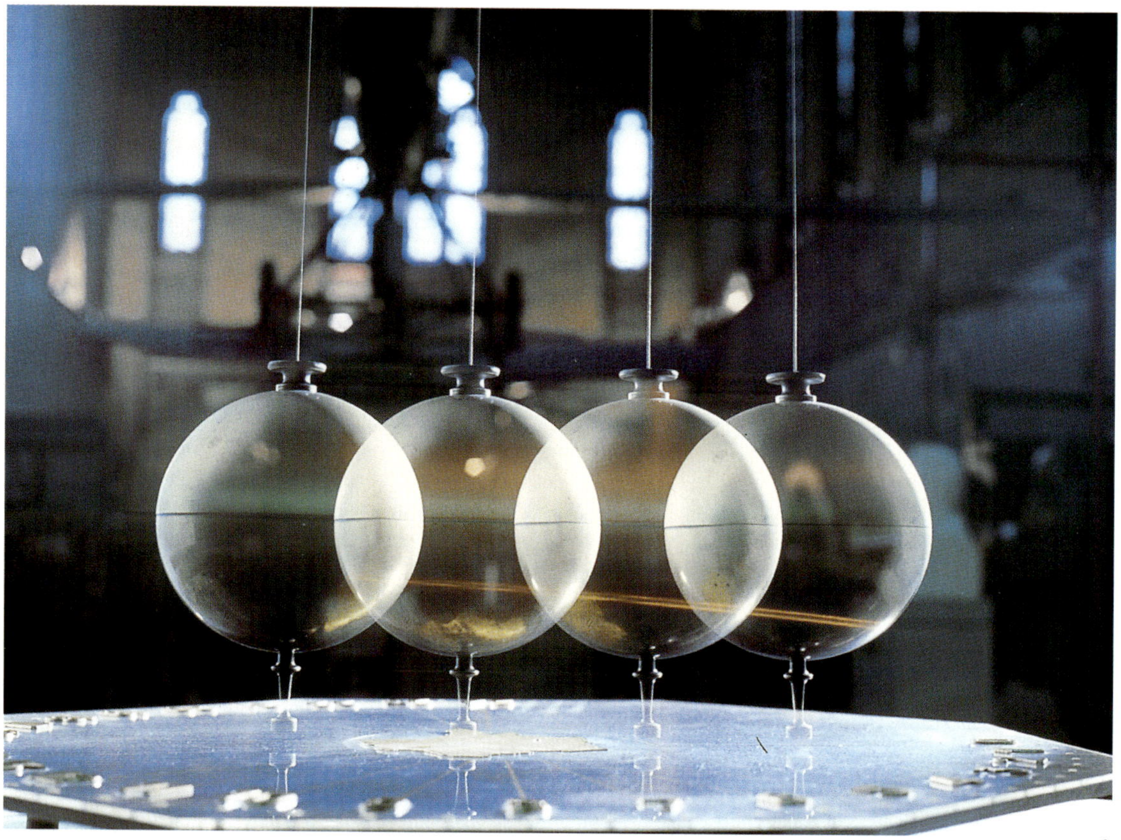
1

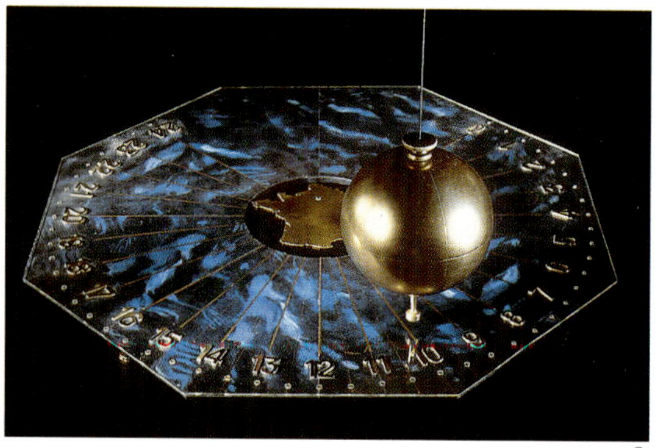
2

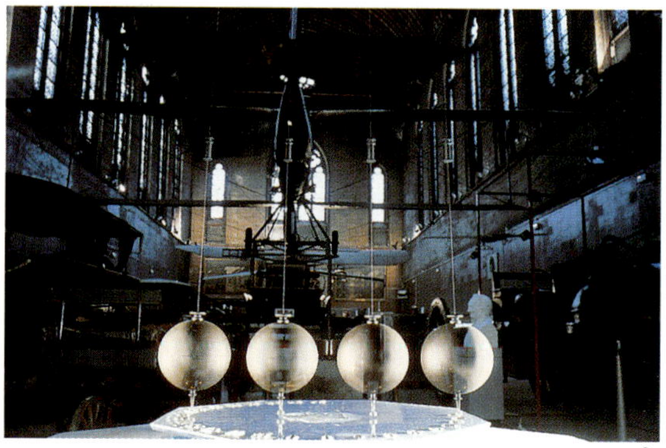
3

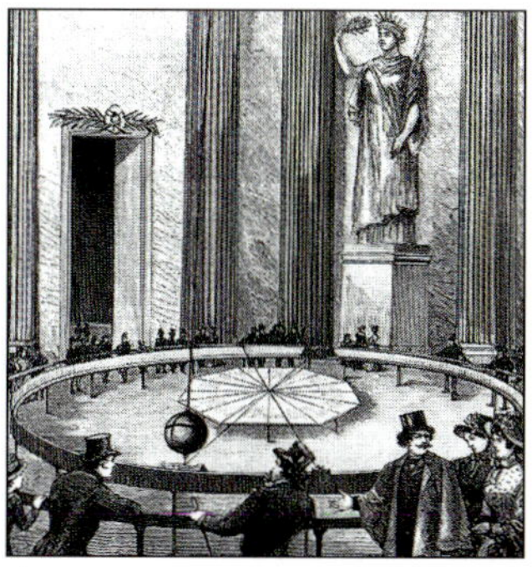

4

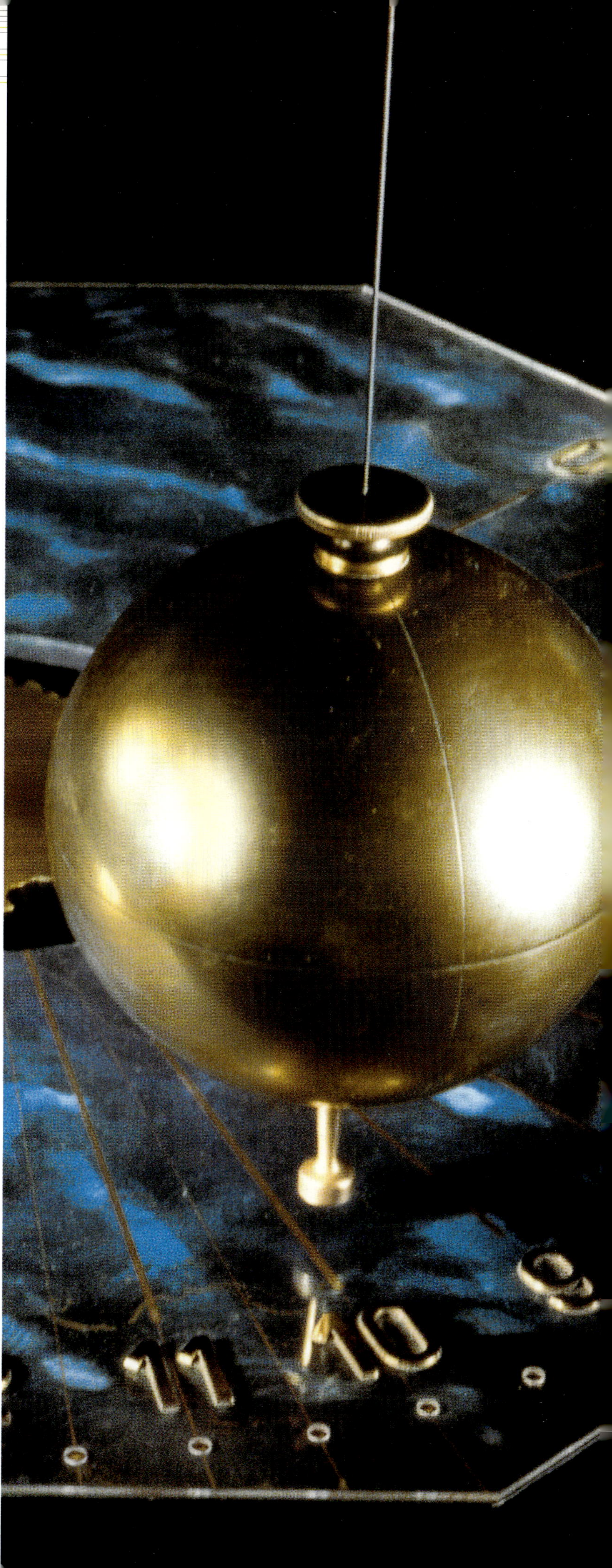

5

1600 : la Camerata florentine invente la musique baroque et Rome envoie au bûcher Giordano Bruno, maillon résistant entre Copernic et Galilée, qui refuse de se renier dans son intime conviction que la Terre tourne autour du Soleil. Que sont donc excitants pour l'esprit les deux siècles et demi écoulés entre cette certitude bientôt admise et la preuve que Léon Foucault apporta, le 3 février 1851, que notre planète est une toupie ! Mais aussi la modestie des instruments, l'évidence de la démonstration. Au point que l'épisode prend des allures d'hommage aux pionniers de la Renaissance.

D'autres avaient tenté en vain une démonstration plus rudimentaire encore, en jetant d'une grande hauteur des corps pondéreux (la rotation de la Terre était supposée décaler le point de chute). Foucault observa que le plan d'oscillation d'un pendule ne varie pas. Restait à vérifier le déplacement du décor terrestre par rapport à ce plan et à le rendre lisible. Un stylet fixé au bout de la sphère pour effleurer un lit de sable humide y suffit. Ce qu'il mit en scène pour ses pairs dans la salle méridienne de l'Observatoire début février, Foucault le reproduisit pour le prince Bonaparte, en mars, sous le dôme du Panthéon : le pendule, haut de soixante-dix-sept mètres, oscillait par périodes de seize secondes, de sorte qu'un seul de ses allers-retours mettait en évidence le mouvement terrestre.

Il y a peut-être dans ce système expérimental et dans son mode opératoire, qui sont à la portée d'un enfant, l'une des dernières découvertes éminemment populaires, avant que la recherche scientifique ne s'enferme une fois pour toutes dans les laboratoires, les protocoles abscons et les jargons.

Léon Foucault a, dit-on, abandonné ses études de médecine parce qu'il ne supportait pas la vue du sang. Si tel n'avait pas été le cas, nul doute qu'un autre aurait prouvé la rotation de la Terre, à l'aide d'un dispositif moins aimable. *Dominique Autié*

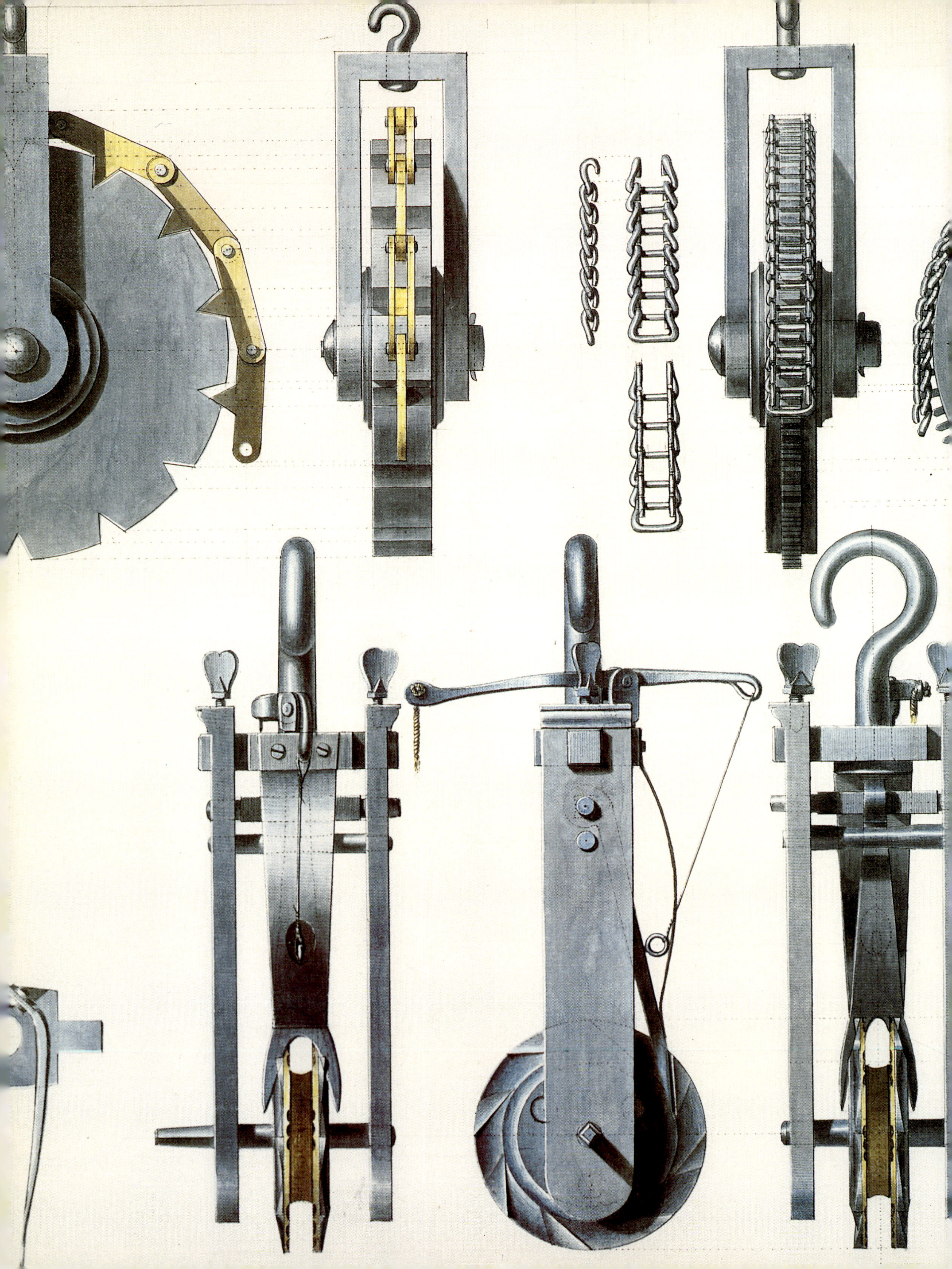

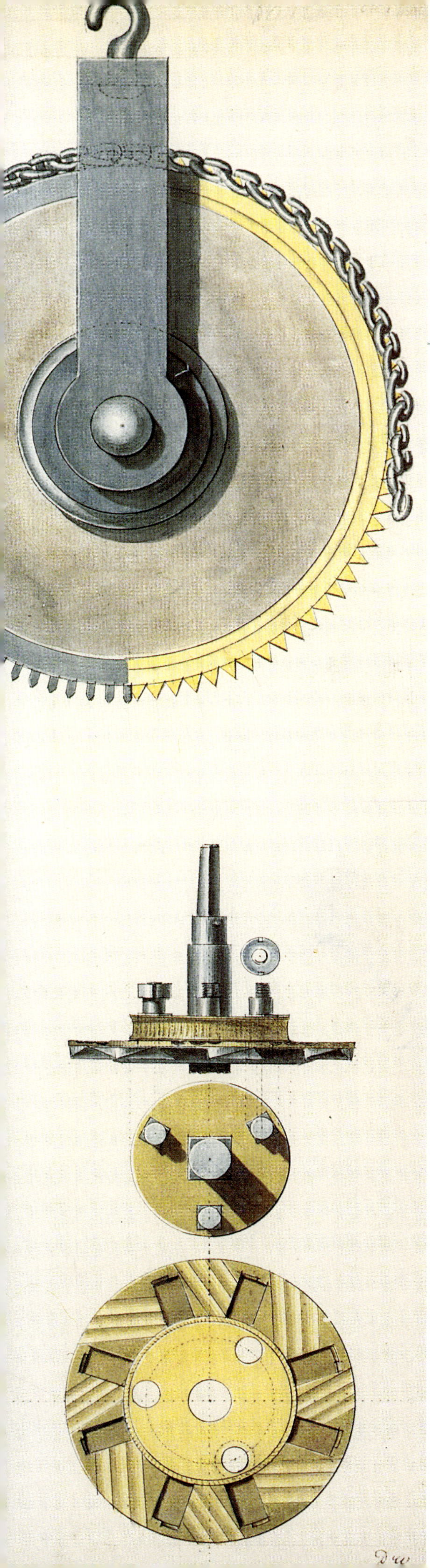

1

3

LE DESSIN technique

PAR ALAIN MERCIER | RESPONSABLE DU PORTEFEUILLE INDUSTRIEL

« Les descriptions les plus détaillées ne présentent jamais que des idées imparfaites, au lieu qu'une figure en parlant aux yeux sert de véhicule à la pensée. »
Abbé Henri Grégoire

SCÈNES DE GENRE AQUARELLÉES, LAVIS, ÉPURES OU CROQUIS... QUELQUE VINGT MILLE PIÈCES COMPOSENT L'UNE DES PLUS PRESTIGIEUSES COLLECTIONS PUBLIQUES DE DESSINS TECHNIQUES D'EUROPE, LE «PORTEFEUILLE INDUSTRIEL». PAR LEUR DIVERSITÉ THÉMATIQUE ET LEUR INTÉRÊT HISTORIQUE, CES FEUILLES REFLÈTENT L'ÉTAT DES SAVOIR-FAIRE EUROPÉENS, DU XVIIe SIÈCLE AU DÉBUT DE LA BELLE ÉPOQUE.

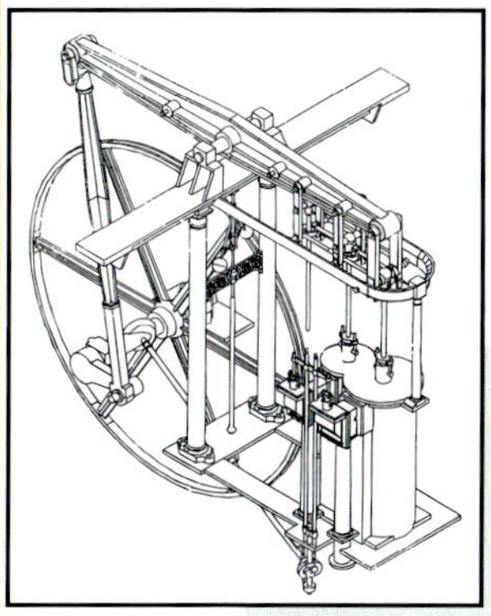

2

10 octobre 1794. Dans la tourmente révolutionnaire, l'abbé Grégoire soumet à l'approbation de la Convention nationale un décret portant création du Conservatoire des Arts et Métiers. Avec des moyens de fortune, l'institution prend corps, d'abord éparpillée dans différents sites parisiens, avant d'investir, à compter de 1798, l'ancien prieuré de Saint-Martin-des-Champs. Un dessinateur, François Beuvelot, est adjoint d'emblée au triumvirat de démonstrateurs initial. Issu d'une des sections de la Commission temporaire des Arts, instaurée en 1793 pour combattre les vandalismes de la Terreur, Beuvelot s'attache bientôt quelques graphistes : Albaret, Dromard, Héricourt, Goussier… Dès l'automne 1793, ces artistes avaient exécuté des plans de mines, fonderies et foreries de canons, pour le Comité de Salut public. Rompus à l'exercice du dessin technique, ils assurent une production plus clémente dans l'apaisement relatif de la Convention thermidorienne. Le ministre de l'Intérieur exprime en effet le vœu que les dessinateurs s'emploient désormais «au recueil des dessins des machines du Conservatoire

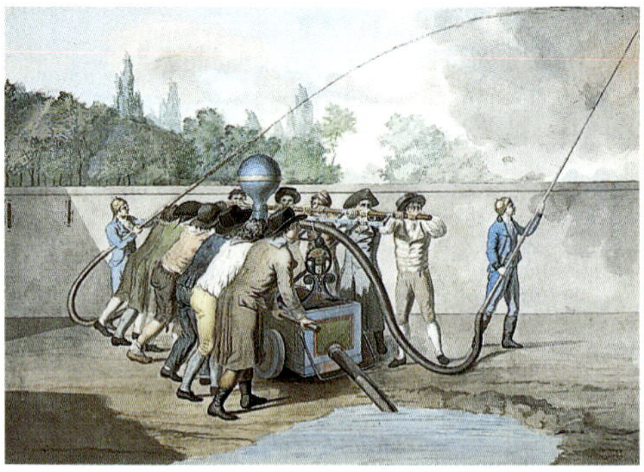

3

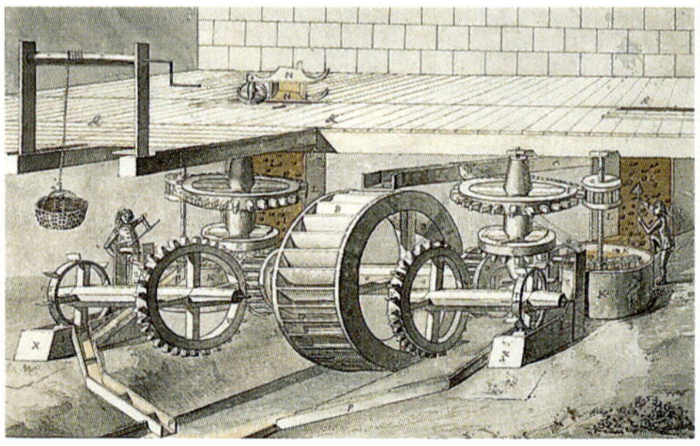

4

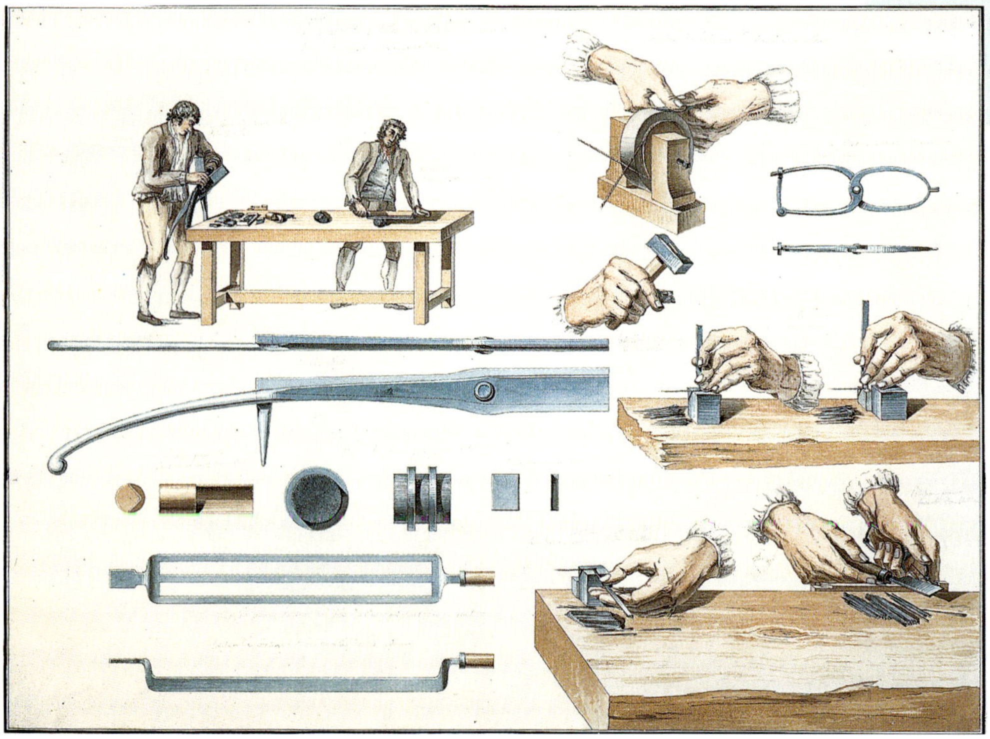

5

1. ***Poulies,* fin XVIIIe-début XIXe s,** lavis de couleurs sur traits de crayon et d'encre.

2. ***Machine à vapeur de Scott,* vers 1860,** dessin réalisé en conception assistée par ordinateur en 1989.

3. ***Pompe à incendie de Bramah,* fin XVIIIe-début XIXe s,** aquarelle.

4. ***Équipement hydraulique de la mine de plomb de Pontpéan, par Laurent,* milieu du XVIIIe s,** lavis de gris et de bistre.

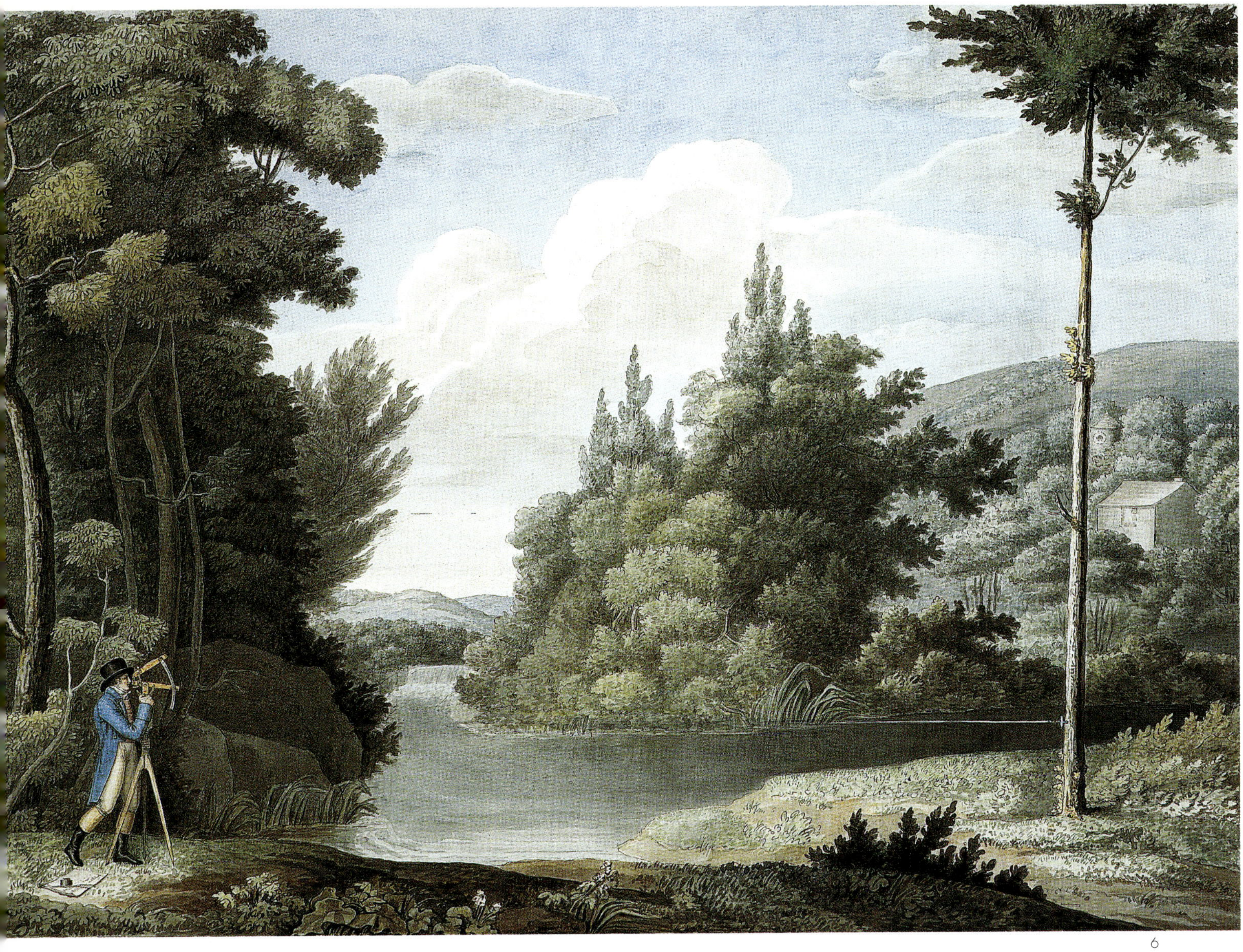

6

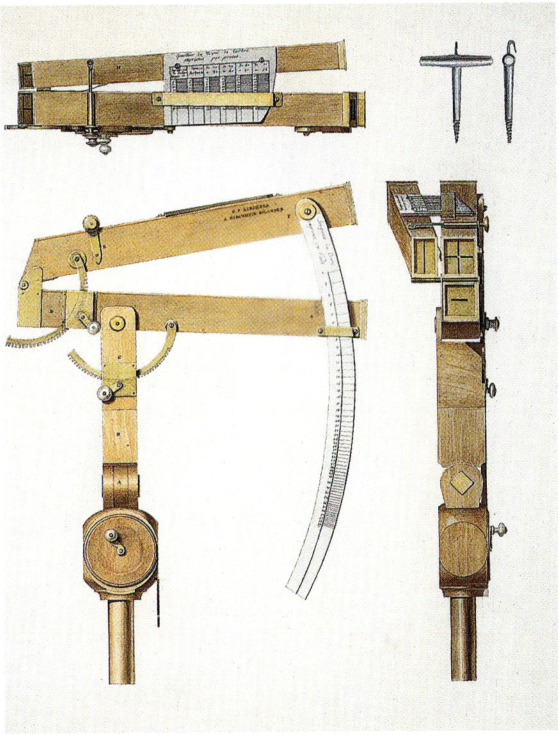

7

5. ***Fabrication des aiguilles à coudre,* fin XVIIIe-début XIXe s,**
lavis de couleurs sur traits d'encre et scènes aquarellées.

6. ***Dendromètre de Kirchner,* 1804,**
aquarelle avec quelques touches au lavis de sépia.

7. ***Dendromètre de Kirchner,* 1804,**
lavis de couleurs sur traits de crayon et d'encre.

Toutes photographies de l'article :

8
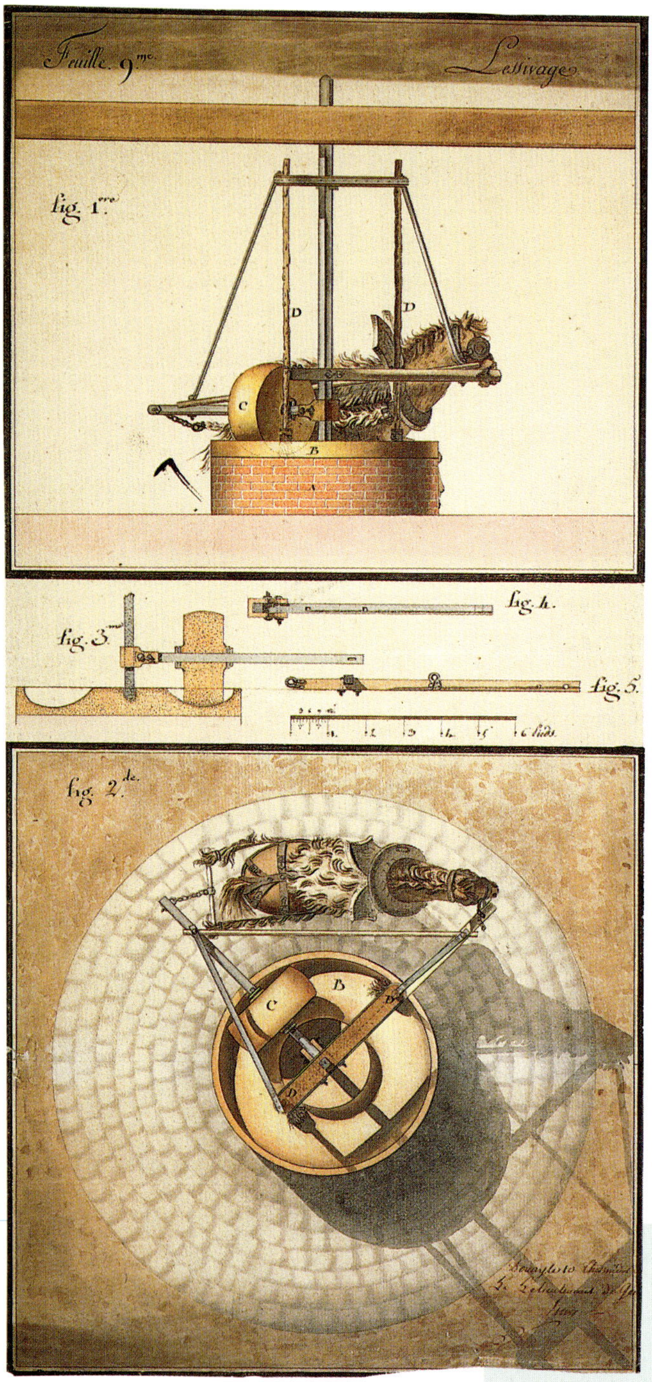

8. ***Manège de la fonderie de canons de Douai,* 1794,** lavis de couleurs sur traits de crayon et d'encre.

9. ***Charrue à 3 socs du duc de Bedford,* 1807,** lavis de couleurs sur traits de crayon et d'encre.

des Arts et Métiers», et «à faire les dessins nécessaires des machines présentées par différents auteurs pour obtenir des brevets d'invention».
Tâche exaltante que celle de fixer sur le papier machines, outils ou instruments, afin de constituer, selon les mots du premier administrateur du Conservatoire, Claude-Pierre Molard, un ouvrage qui «formera pour ainsi dire les archives des Arts et Métiers», et dont la «composition suivra sans intervalle le progrès de l'industrie humaine».
En fonction de ce postulat ambitieux, les dessinateurs lèvent les plans des objets de plus en plus nombreux qu'engrange le Conservatoire embryonnaire.
Ce travail est mené dans les dépôts provisoires puis à Saint-Martin-des-Champs, dont l'église accueille, au tournant du siècle, des machines aussi volumineuses que la pompe à incendie de Bramah ou le mythique fardier de Cugnot. Parfois encore, c'est chez les inventeurs que vont «enquêter» les graphistes.
Ainsi s'étoffe la collection de plans. Pour l'essentiel, il s'agit de lavis d'étude, qui appuient, sous la Révolution et l'Empire, les commentaires techniques dispensés par les démonstrateurs à l'adresse de visiteurs avides d'apprendre. Artisans, inventeurs et curieux affluent aux Arts et Métiers à partir de 1802.
Dans ce quartier industrieux, vivant, grouillant, le Conservatoire devient naturellement l'encyclopédie en trois dimensions conçue par l'abbé Grégoire.
Ces lavis ne sont pas les seules richesses du fonds graphique en cours de formation. Plusieurs dessins de l'Ancien Régime, provenant notamment de saisies révolutionnaires (comme l'album de voitures du duc de Chartres, confisqué chez Philippe-Égalité), mais aussi des plans établis à l'époque du Comité de Salut public (dont la suite remarquable des dessins originaux préparatoires à l'ouvrage de Gaspard Monge, *Description de l'art de fabriquer les canons*), composent par ailleurs cette collection primitive.
Les options esthétiques et le «message» des plans réalisés aux Arts et Métiers vont inopinément changer dans les années 1815. À cette époque s'éteint la génération des premiers «dessinateurs-fonctionnaires» de l'établissement.
Sous la Restauration et la monarchie de Juillet, le Conservatoire fait appel à des bureaux extérieurs

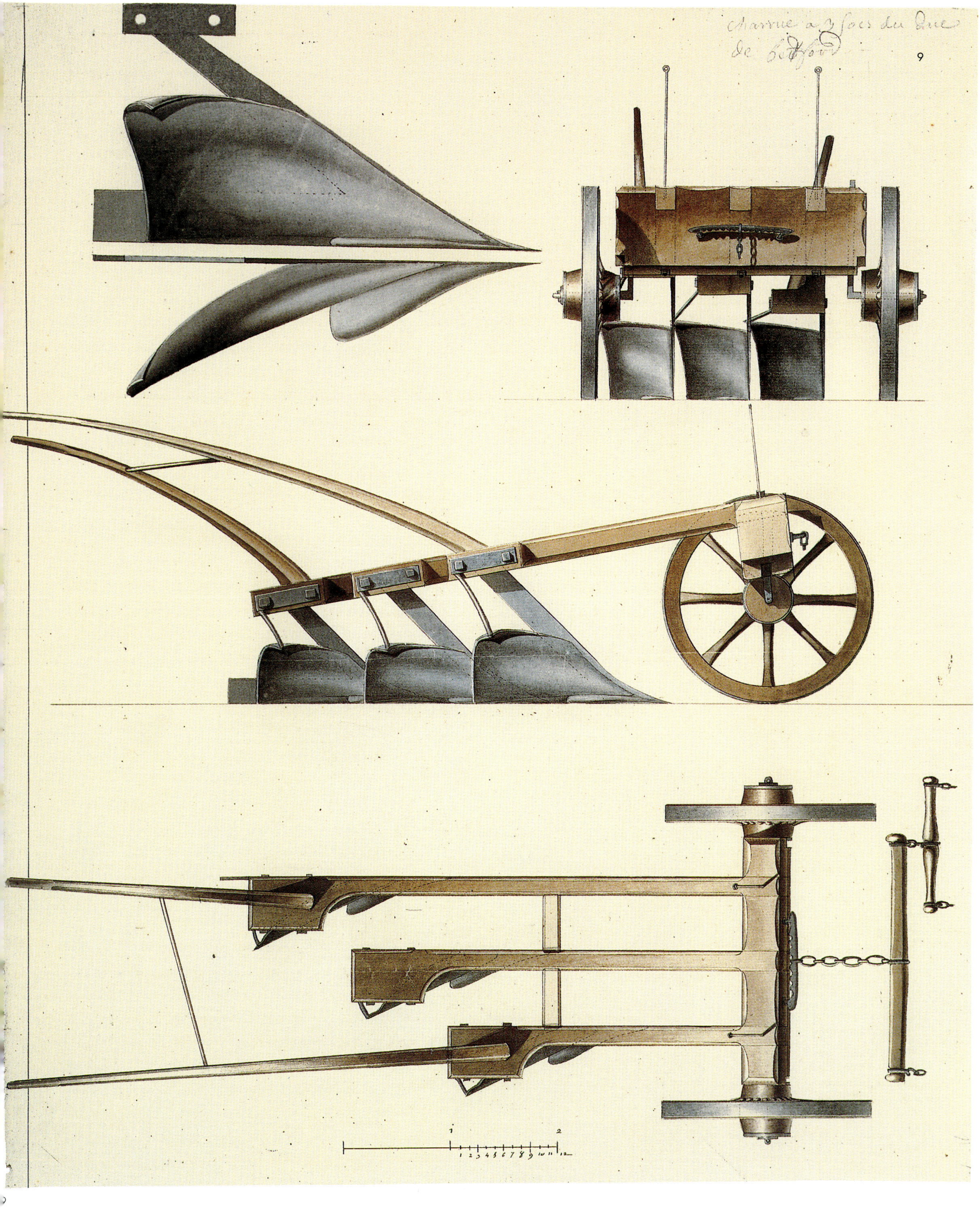
Charrue à 3 socs du Duc
de Bedford
9

10. ***Métier pour la fabrication des étoffes par Dufour,* 1808,** lavis de couleurs sur traits d'encre.

11. ***Timbre sec et humide à encrage mécanique par Lecoq,* 1855,** lavis de couleurs sur traits de crayon et d'encre.

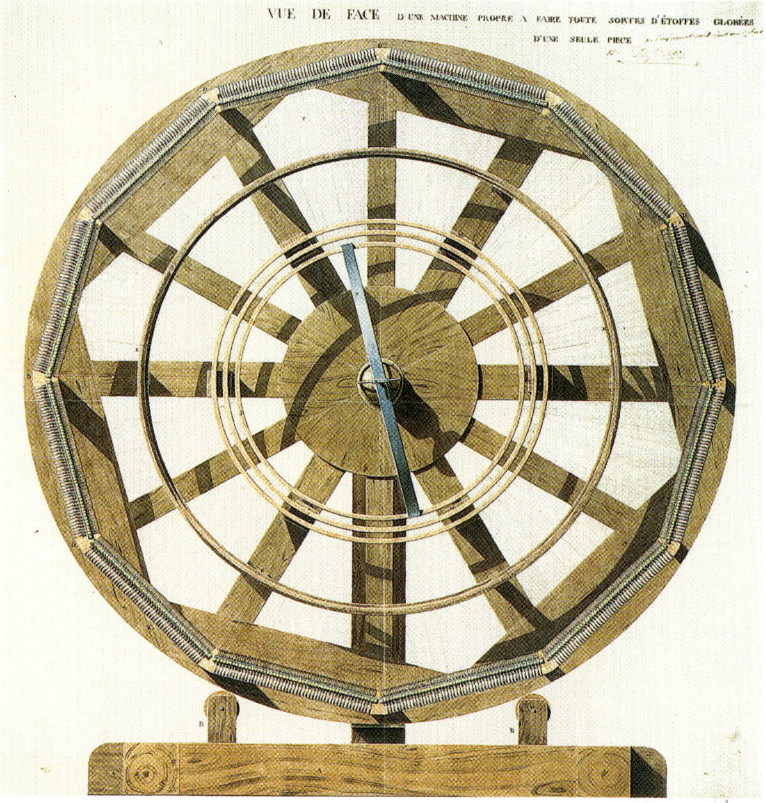

10

12. ***Machine à compter les bulletins de chemin de fer par Lecoq,* 1855,** lavis de couleurs sur traits de crayon et d'encre.

13. ***Tour à graver les rouleaux pour les impressions sur étoffes par Nicolas,* 1855,** lavis de couleurs sur traits de crayon et d'encre.

14. ***Machine à mortaiser le bois de l'usine de Graffenstaden,* 1855,** lavis de couleurs sur traits de crayon et d'encre.

pour augmenter son fonds iconographique. L'émergence de l'ère industrielle, la concurrence des pays voisins – en particulier l'Angleterre, la Suisse et l'Allemagne –, les besoins nouveaux d'une société en pleine mutation engagent les secteurs économiques dans une profonde mutation. Le dessin technique subit lui aussi une transformation spectaculaire. Sous l'impulsion de jeunes dessinateurs, comme César Nicolas Louis Le Blanc, les anciens lavis peaufinés, aux fondus hyperréalistes avant l'heure, sont exclus de la pratique graphique au profit de plans sévères, dont le trait coté suffit à dire, en toute économie, la physionomie de la machine. Tandis que la gravure rapide des plans manuscrits devient pratique courante, la mise en couleurs des originaux apparaît comme un luxe inutile, et des centaines d'épures sont alors établies pour rendre compte des matériels ferroviaires, de la mécanique agricole, des machines-outils… Schéma de montage – et non plus lavis d'étude –, le dessin industriel instaure ses normes et ses codes graphiques. Le *Portefeuille* s'accroît considérablement. L'Exposition universelle de 1855, la première jamais organisée en France, marque une étape forte dans l'histoire de cette collection. Certains dessinateurs du temps, comme Levasseur, fournissent au Conservatoire des plans qui rappellent les élégances des anciens lavis d'étude. Leurs travaux constituent, sur les matériels techniques du Second Empire, une source illustrée de premier ordre. En cette seconde moitié du siècle, les Arts et Métiers sont l'incontournable référence en matière d'innovation technique. Un bâtiment spécial, construit par l'architecte Léon Vaudoyer, est affecté à la communication des plans. Le Conservatoire préfigure à cette époque, dans une certaine mesure, l'Institut national de la propriété industrielle. Les inventeurs en quête de brevets y viennent nombreux, car le *Portefeuille* leur est une documentation précieuse. Dans les années 1890 pourtant, ces milliers de plans-témoins tomberont, pendant près d'un siècle, dans un profond oubli…

11

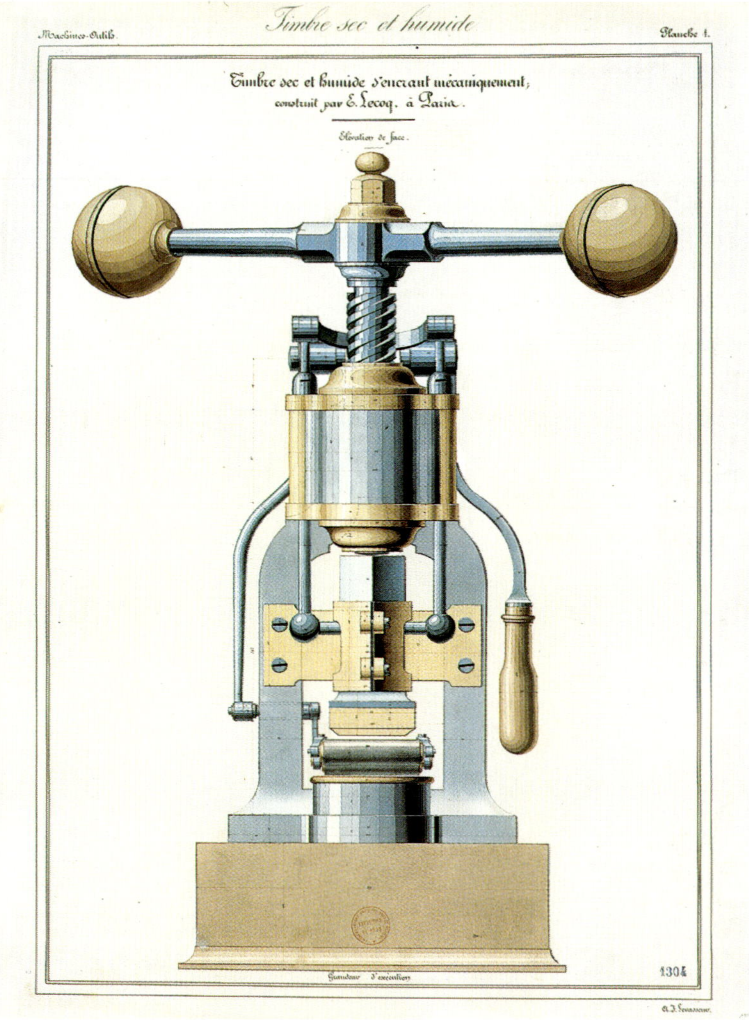
Machines-Outils.
Timbre sec et humide
Planche 1.
Timbre sec et humide s'encrant mécaniquement;
construit par E. Lecoq, à Paris.
Élévation de face.
Grandeur d'exécution
1304

13

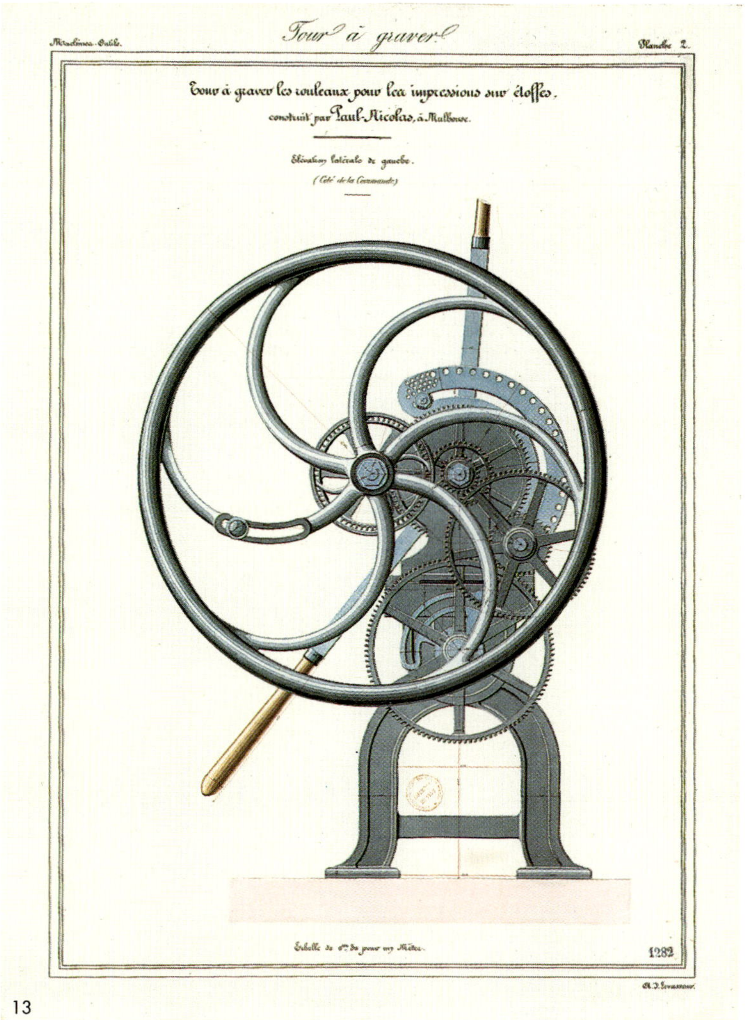
Machines-Outils.
Tour à graver
Planche 2.
Tour à graver les rouleaux pour les impressions sur étoffes,
construit par Paul-Nicolas, à Mulhouse.
Élévation latérale de gauche.
(Côté de la Commande)
1282

12

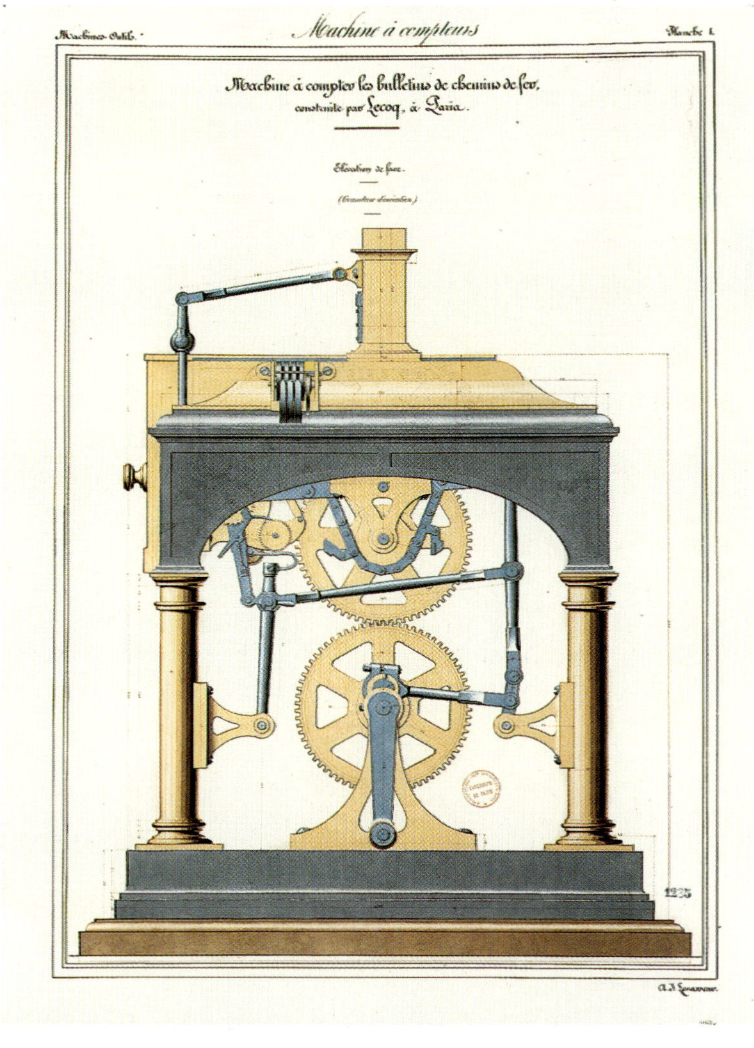
Machines-Outils.
Machine à compteurs
Planche 1.
Machine à compter les bulletins de chemins de fer,
construite par Lecoq, à Paris.
Élévation de face.
1225

14

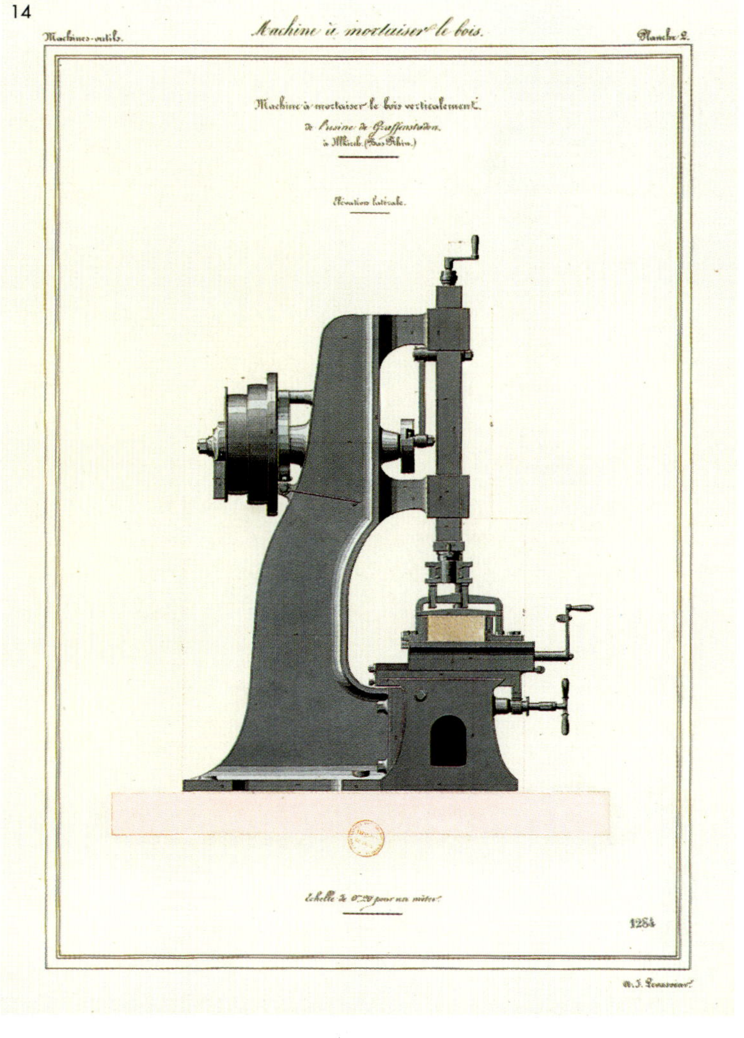
Machines-outils.
Machine à mortaiser le bois.
Planche 2.
Machine à mortaiser le bois verticalement.
de l'usine de Graffenstaden,
à Illkirch (Bas-Rhin.)
Élévation latérale.
1284

LA NAISSANCE
de l'automobile

1. ***L'Éclair*, voiture Peugeot, pneus d'André Michelin,** vers **1895.**
© Roger-Viollet.

2. et 8. (détail)
Voiture Serpollet, **1892.** © Roger-Viollet.

3. ***Tricycle à vapeur De Dion-Bouton, appartenant à M. de la Tour du Pin et conduit par M. De Dion,*** **1888.**
© Roger-Viollet.

4. ***M. Bouton et M. de Chasseloup-Laubat en dog-car à vapeur,*** **1885.** © Roger-Viollet.

5. ***Voiture à pétrole Vacheron, deux places.***
© Bibliothèque du CNAM.

6. ***Voiture Ford, modèle T,*** **1908.**

7. ***Voiture à pétrole Roger, quatre places.***
© Bibliothèque du CNAM.

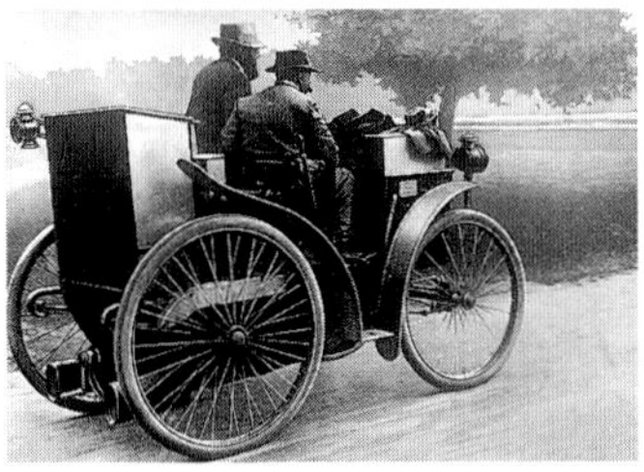

1

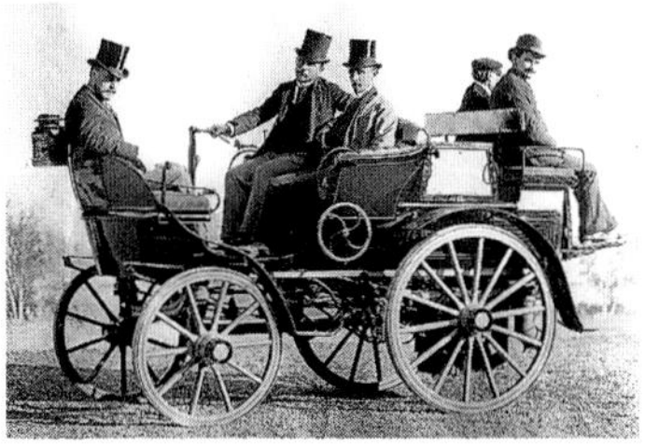

2

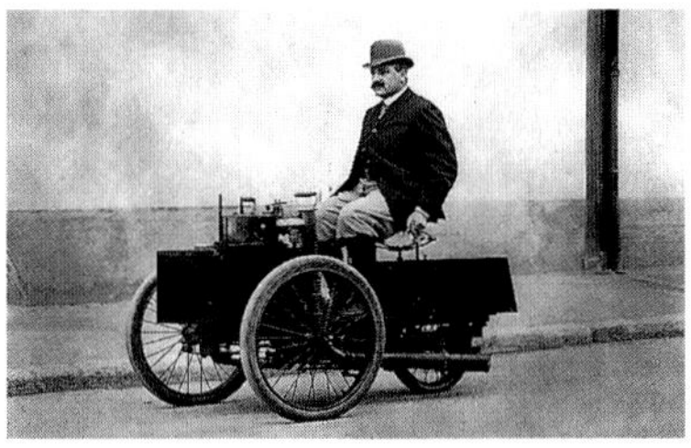

3

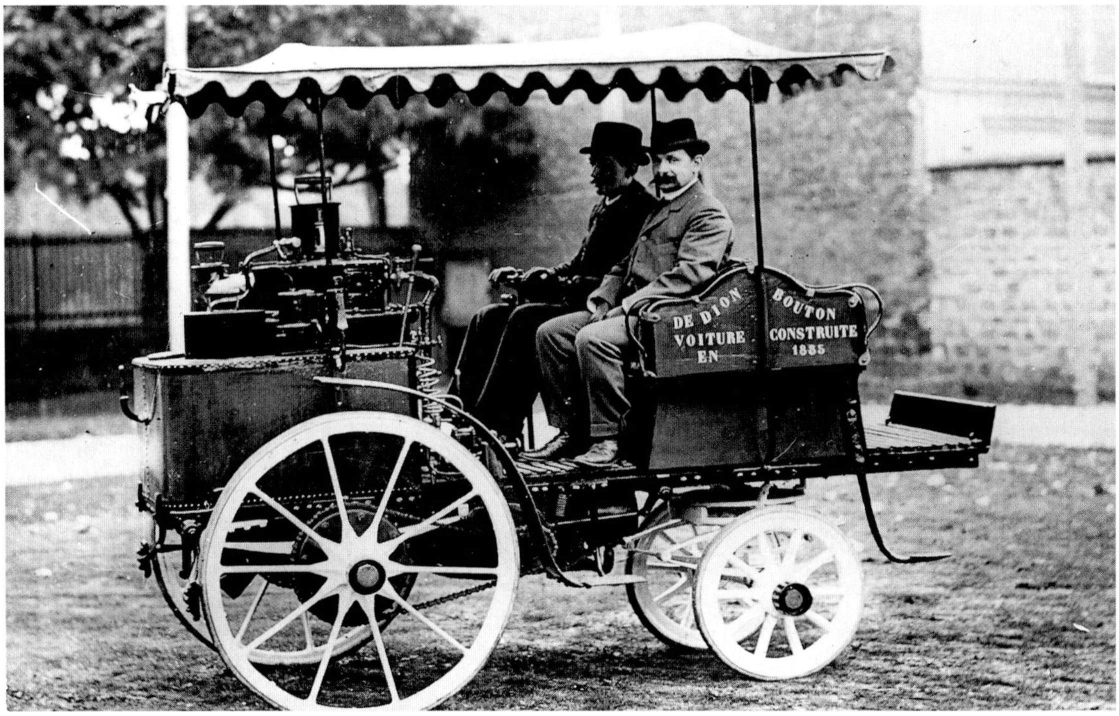

4

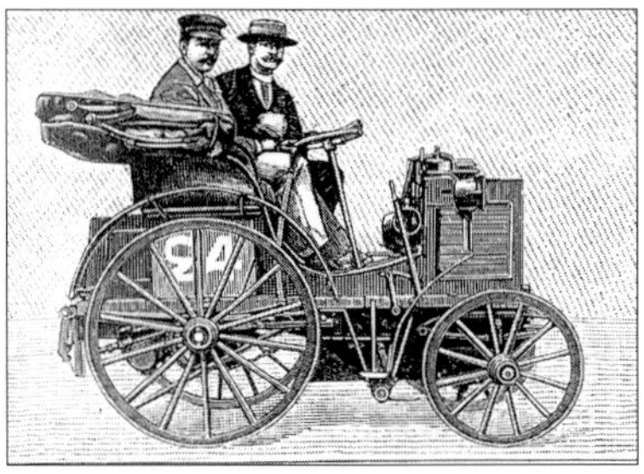

5

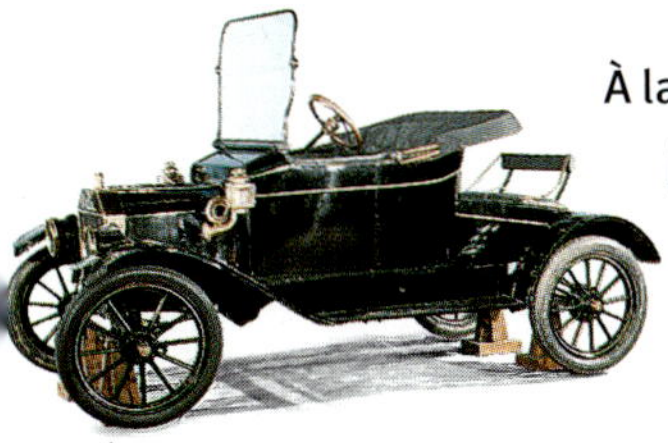
6

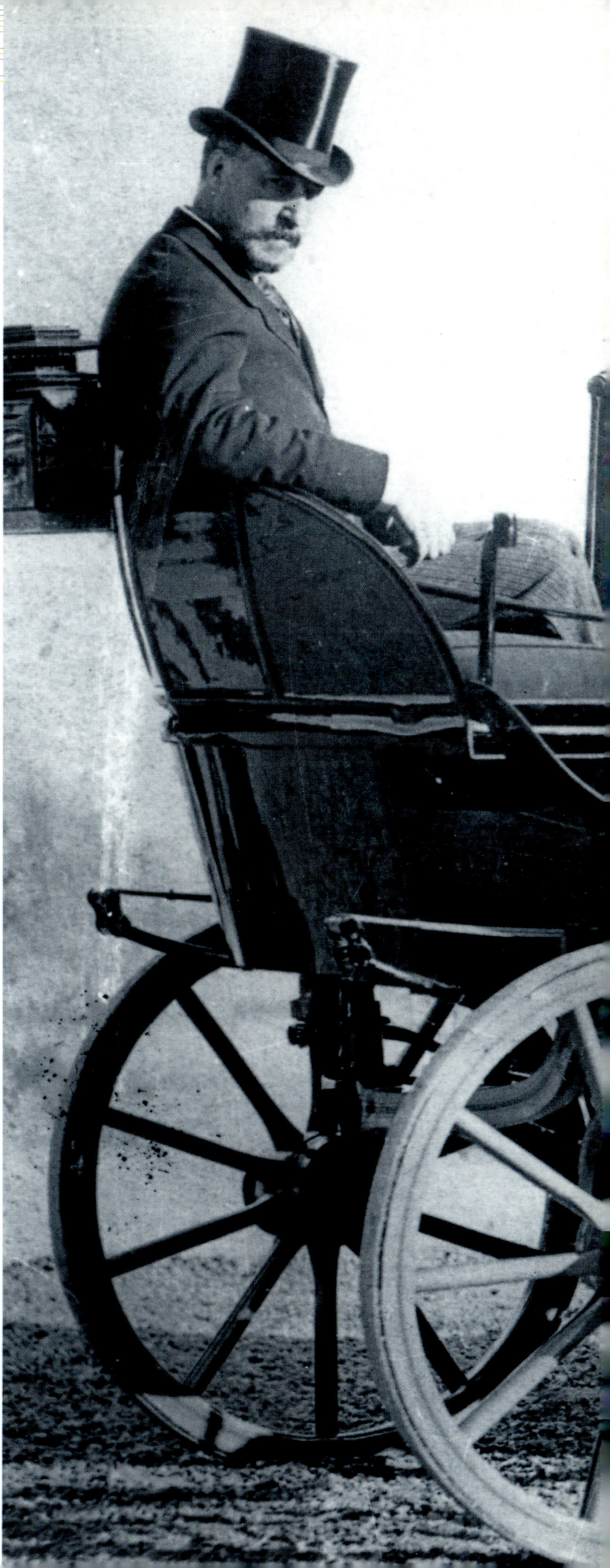
8

À la veille de la Révolution, parmi les jougs qu'il fallait secouer, il y eut donc notre immémoriale intelligence avec l'animal de trait. En 1771, le fardier de Cugnot, sa marmite ventrue et ses organes rotatoires – qui, pour la première fois, convertissent le mouvement alternatif de la machine à vapeur de Papin – signent un vaste projet : ouvrir l'ère de la mécanique à mobilité autonome.

Un siècle plus tard, lorsque *le Petit Journal* parraine la première course automobile entre Paris et Rouen, le 12 juillet 1894, l'engin à vapeur De Dion-Bouton, disqualifié pour sa lourdeur, et les deux véhicules à pétrole Panhard-Levassor et Peugeot qui remportent l'épreuve ont réalisé une moyenne de 20 km/h. Un bon attelage faisait mieux. C'est dire combien, dans l'esprit même des industriels et de leurs commanditaires, le premier enjeu des tricycles à vapeur, «locomotives routières» et autres diligences électriques ne fut pas la vitesse – celle-ci sera donnée à l'automobile, comme un surcroît de grâce, dès l'aube du siècle suivant.

Pour l'heure, on reste fasciné par l'absence de rigueur aérodynamique; toute velléité de rompre avec les modèles éprouvés est bannie – c'est juste si l'on greffe et bouture : une chaudière sur un fiacre, un strapontin pour le «chauffeur» en lieu et place de la banquette du postillon. On n'invente pas encore un nouvel objet, on propulse l'ancien monde avec ses enjolivures, ses parements, ses festons.

La silhouette penaude du cheval, qu'on prend soin d'attacher à l'arrière de la Delahaye en prévision de la panne encore fréquente (le dimanche pour aller frimer à Meudon), apparaît bien emblématique. Il devient évident que la mobilité autonome, acquise de haute lutte sur le plancher des vaches, préfigurait un défi d'une autre trempe, objet d'un rêve tout aussi lointain que le compagnonnage de l'homme et de l'animal : voler. Mais, pour ce rêve-là, l'homme avait pressenti de longue date que les chevaux ailés sont pure mythologie. ***Dominique Autié***

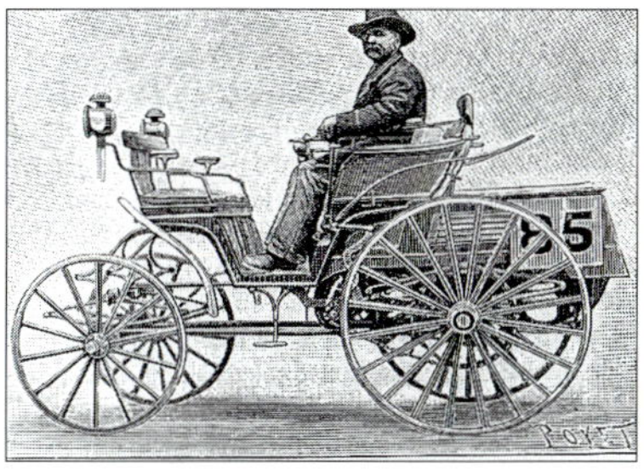
7

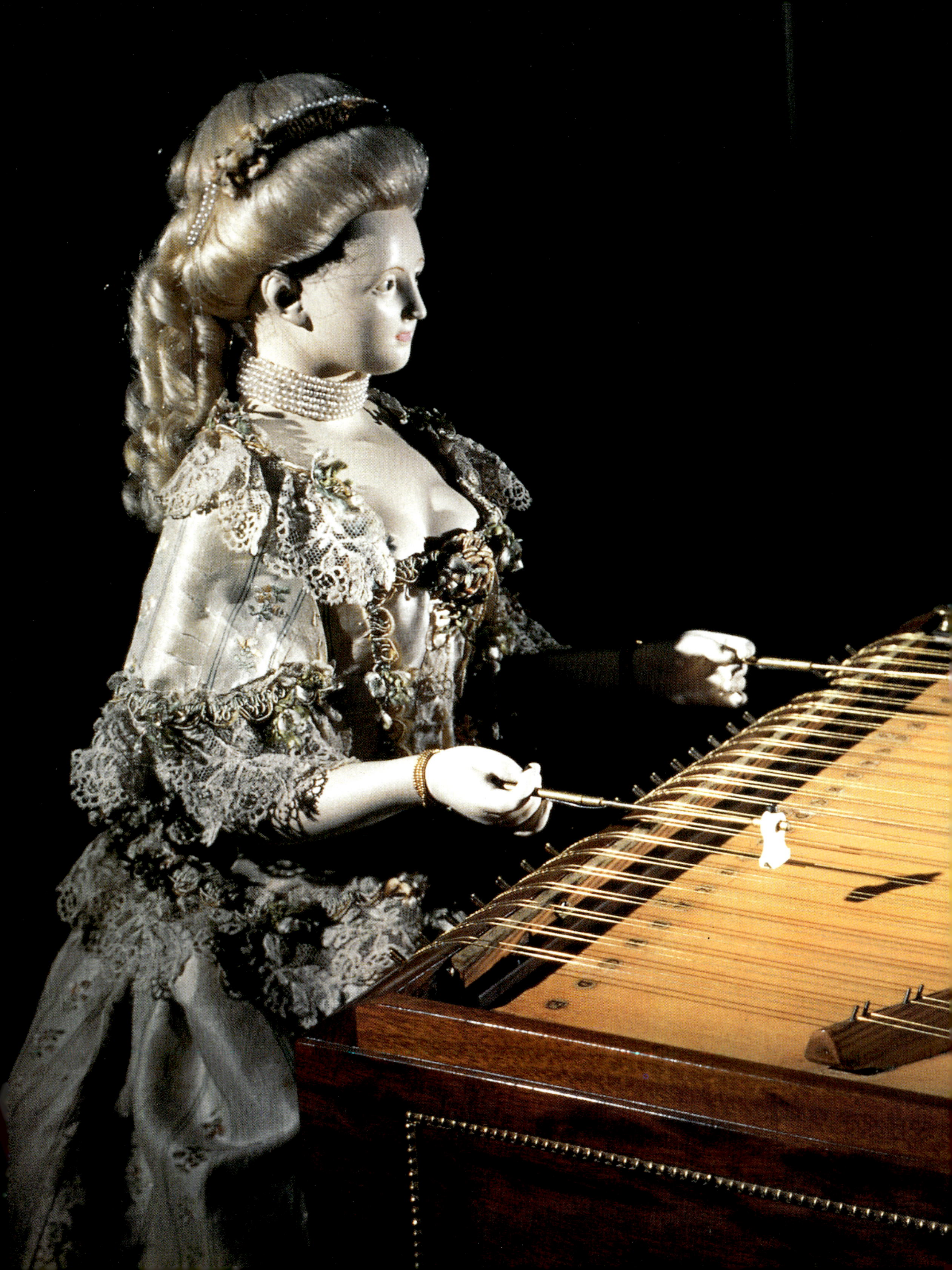

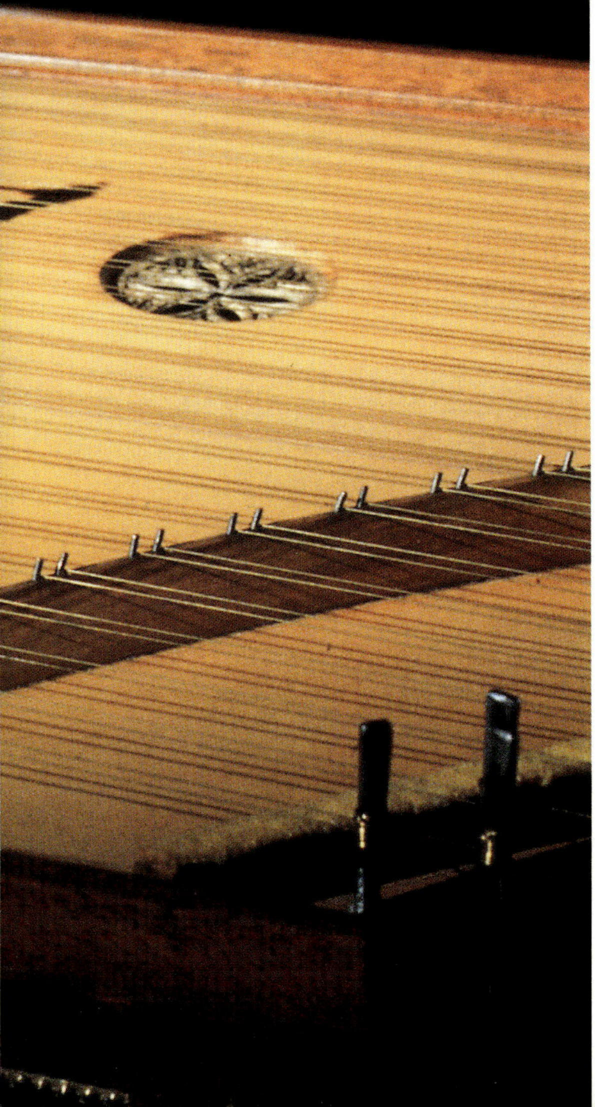

1

LE THÉÂTRE des automates

PAR LOUIS ANDRÉ	CONSERVATEUR AU MUSÉE

« Le créateur d'automates, lui, se proposait surtout un amusement; mais un amusement plein de philosophie. Il essayait d'imiter la nature vivante, d'en donner l'illusion. »
Jules Romains

SOUS CETTE APPELLATION GÉNÉRIQUE ET ÉVOCATRICE, LE MUSÉE DES ARTS ET MÉTIERS PRÉSENTE, COMME DANS UN ÉCRIN, SA COLLECTION – L'UNE DES PLUS IMPORTANTES D'EUROPE – D'ANDROÏDES, AUTOMATES, INSTRUMENTS DE MUSIQUE MÉCANIQUE, PIÈCES D'HORLOGERIE MUSICALE OU ENCORE JOUETS MÉCANIQUES. RASSEMBLÉS DEPUIS 200 ANS, CES OBJETS MONTRENT L'INVENTIVITÉ DES MÉCANICIENS ET LA FASCINATION QU'EXERCENT CES CRÉATURES ANIMÉES.

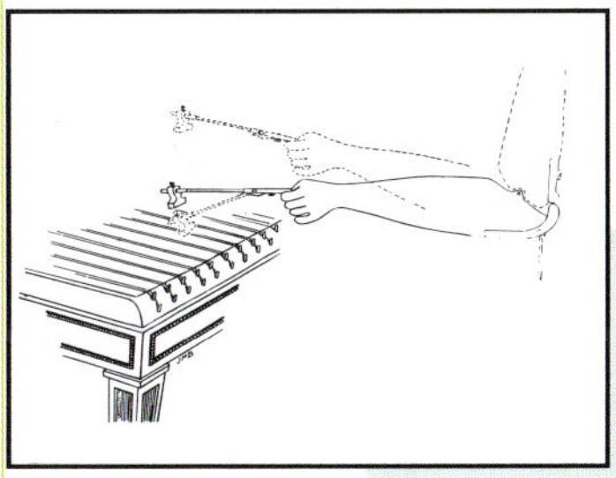

2

« Comparée aux prouesses qu'effectuaient depuis longtemps horlogers et

1. ***La Joueuse de tympanon*, 1784,** construite par Kintzing et Roentgen pour la reine Marie-Antoinette. © M. Séméniako/Métis.

2. ***Le tympanon et le jeu instrumental*,** tandis que le bras s'arrête en suspension à quelques millimètres des cordes, le marteau, flexible grâce à une articulation, percute la corde.

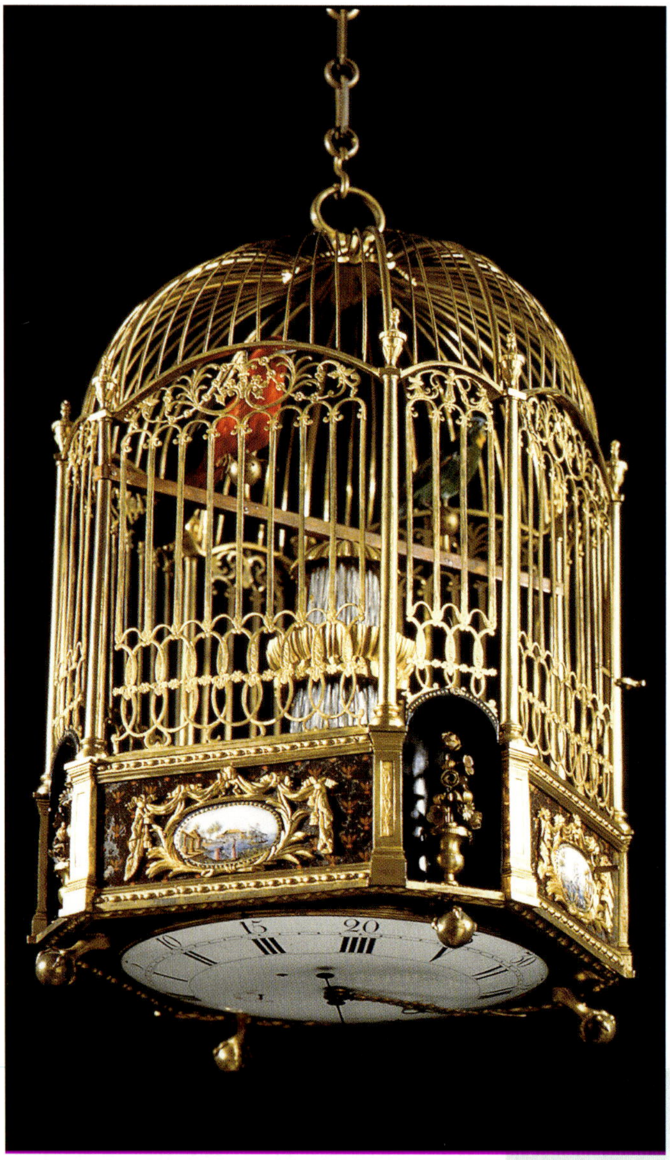

3

3. ***Cage à oiseaux chanteurs*, 1785.** © P. Faligot.

4. ***Horloge hollandaise à automates et jeux d'orgues d'Audéoud*, 1700,** bronze, bois, laiton, verre. © J. C. Wetzel.

Si le XVIIIe siècle apparaît comme le siècle d'or des automates, il puise ses sources dans la tradition et les recherches anciennes des mécaniciens de la Renaissance, créateurs de fontaines hydrauliques pour les jardins princiers, de musiciens ou d'oiseaux chanteurs pour agrémenter les banquets, ou encore de surtouts de table mobiles et musicaux. Le Musée des arts et métiers conserve un très bel ensemble qui reflète l'imagination des mécaniciens du XVIIIe et la diversité des pièces associant automates, instruments de musique mécanique et horlogerie. Les plus virtuoses de ces créateurs – mécaniciens ou horlogers – cherchent à reproduire les principales fonctions de la vie. Au premier rang de ceux-ci, le mécanicien Jacques Vaucanson et ses célèbres androïdes aujourd'hui disparus : *le Joueur de flûte*, *le Tambourinaire* et *le Canard digesteur*. À la complexité du mécanisme s'ajoute le désir de copier les mécanismes biologiques mais aussi de fasciner et de séduire. De cet aboutissement témoigne *la Joueuse de tympanon* (ill. 1), pièce maîtresse de la collection du Musée, construite en 1784 par le mécanicien Kintzing et l'ébéniste Roentgen pour la reine Marie-Antoinette. Sur un tympanon composé de 46 cordes, la musicienne peut jouer 8 airs. Le mécanisme, situé sous le tabouret sur lequel se trouve assise la figurine, est principalement constitué d'un ressort-moteur et d'un cylindre en laiton qui porte 16 profils de cames et 16 rangées de picots. Par l'intermédiaire de leviers, les cames commandent les gestes des avant-bras, tandis que les picots dictent les mouvements des marteaux. Au-delà de la complexité de son mécanisme et de la reproduction du mouvement humain, cette pièce séduit par sa qualité esthétique qui en fait un véritable objet d'art. Datant de la fin du XVIIIe siècle, la *Cage à oiseaux chanteurs* (ill. 3) témoigne de la reprise de ce thème déjà illustré par les mécaniciens de l'Antiquité et de la Renaissance. Perchés au-dessus d'une fontaine ruisselante, deux oiseaux chantent, battent des ailes, virevoltent. Le mécanisme se cache dans la base qui contient également un mouvement d'horlogerie dont on peut observer le cadran lorsque la cage est suspendue. Cette riche automaticiens, une invention comme celle de Watt était d'une simplicité enfantine. »

Jules Romains

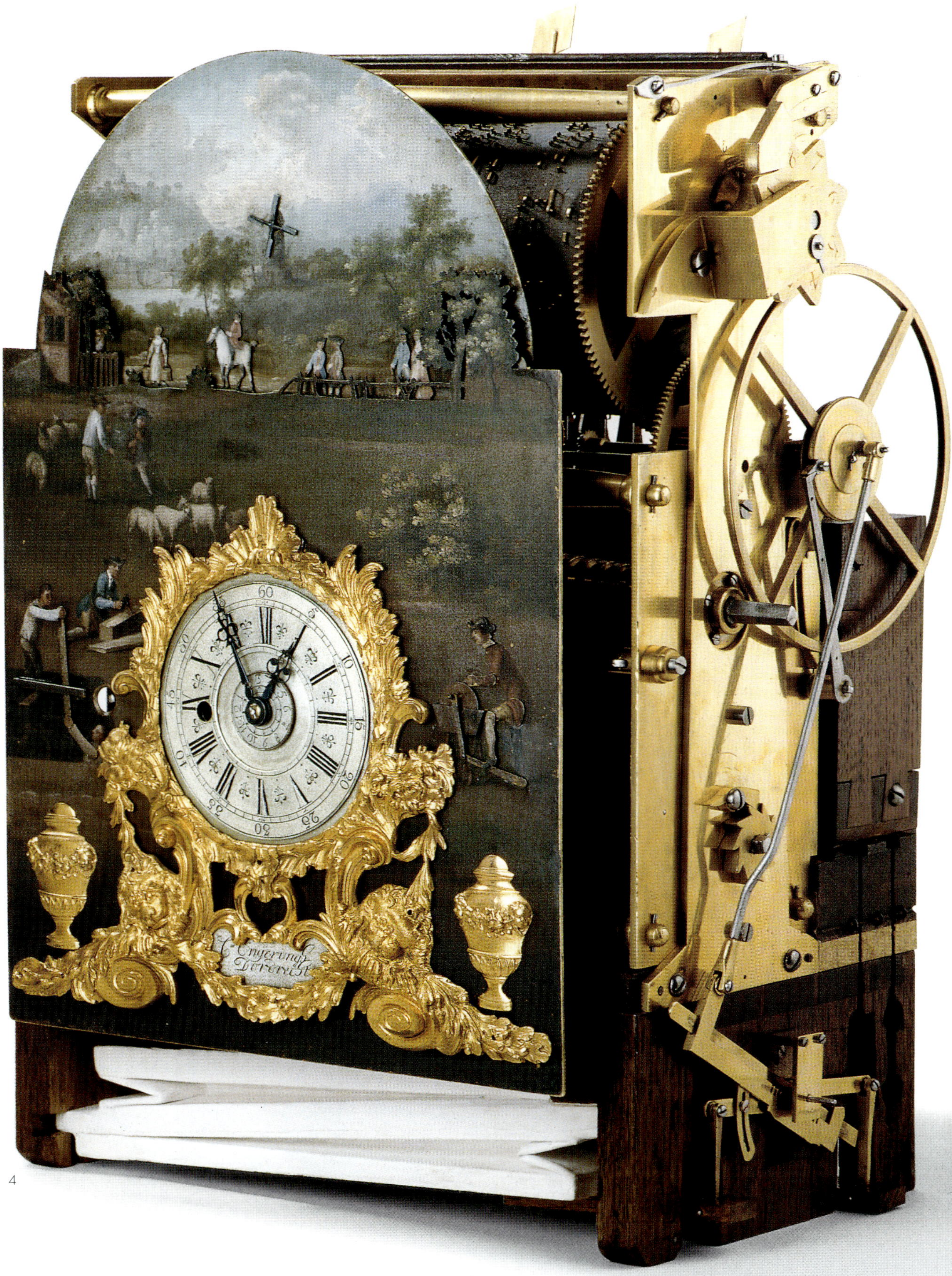

4

association des automates, d'un instrument de musique mécanique et d'une horloge se retrouve dans l'horloge «hollandaise» construite par Engeringh à Dordrecht. Typique des horloges à automates élaborées dans le courant du siècle des Lumières, elle contient un orgue à deux jeux de bourdon comprenant chacun 15 notes. Commandé par un cylindre à picots, il peut exécuter 8 mélodies différentes. Sa face avant présente, outre le cadran de l'horloge, un paysage campagnard agrémenté de petits personnages animés : rémouleurs, scieurs de long, promeneurs. La collection illustre une autre mode née au XVIIIe siècle, celle des tableaux animés. Richement encadrés, ces paysages, vues de villes, parcs de châteaux, sont peuplés de multiples figurines en mouvement qui se promènent, travaillent ou bien se divertissent : ici une lavandière bat énergiquement son linge, là un heureux pêcheur remonte une belle prise, à deux pas d'un homme qui se noie mais ressort de l'eau à chaque nouveau tour de la mécanique, tandis que dans le fond passe un carrosse. La collection du Musée possède trois exemplaires de ces objets de divertissement et leurs cadres aux armes de Marie-Antoinette dauphine ou de madame de Pompadour confirment l'attrait de la haute société pour ces objets fascinants qui mélangent science et technique. Le XIXe siècle connaît également un grand engouement pour les automates et particulièrement les musiciens. La principale évolution technique vient de l'invention, à l'extrême fin du XVIIIe siècle, des mécanismes à musique à peigne métallique (nos modernes «boîtes à musique»). Bientôt fabriqués en série et de petite taille, ils se glissent facilement dans les socles des automates et remplacent les flûtes, orgues, carillons ou tympanons. Leur mécanisme à manivelle ou à ressort actionne également les tringles qui animent les personnages. De nouvelles tendances se font jour, comme la représentation très réaliste, voire satirique, des personnages et des attitudes, la création de grands automates pour les vitrines des grands magasins ou encore la production en série de poupées-automates de salon. Plusieurs constructeurs parisiens, Vichy,

5

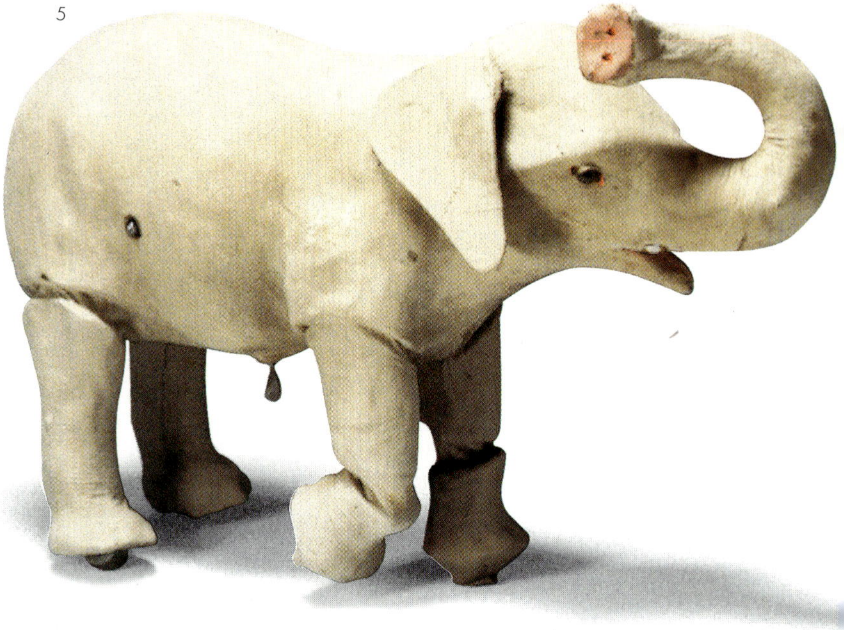

5. ***Éléphant de Decamps,*** **1930**. © P. Faligot.

6. ***Bébé au moulin de Roullet-Decamps,*** **vers 1900,** automate à musique. © P. Faligot.

7. ***Le Petit Pâtissier de Lambert,*** **vers 1890,** automate à musique. © P. Faligot.

7

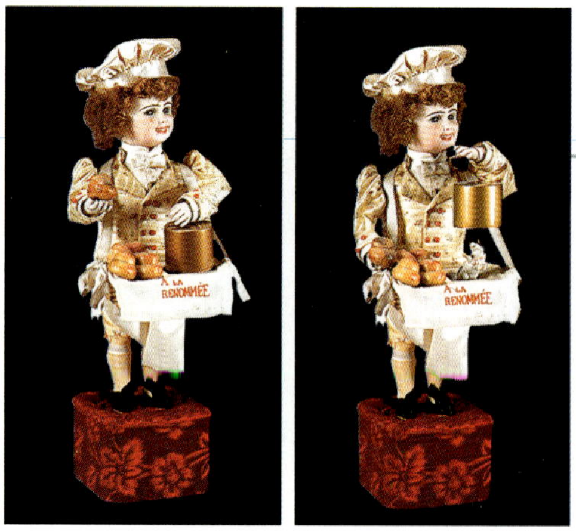

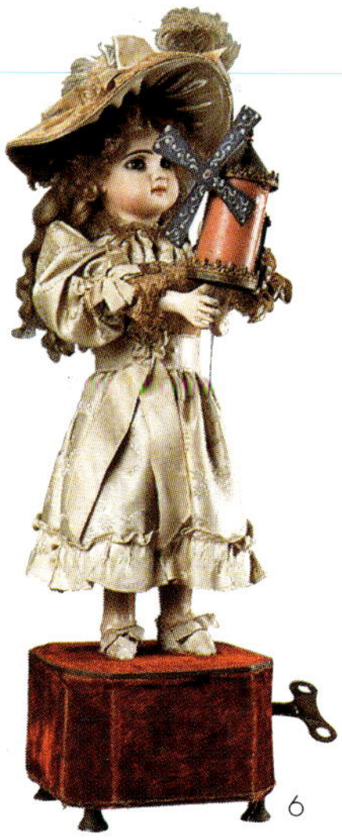

6

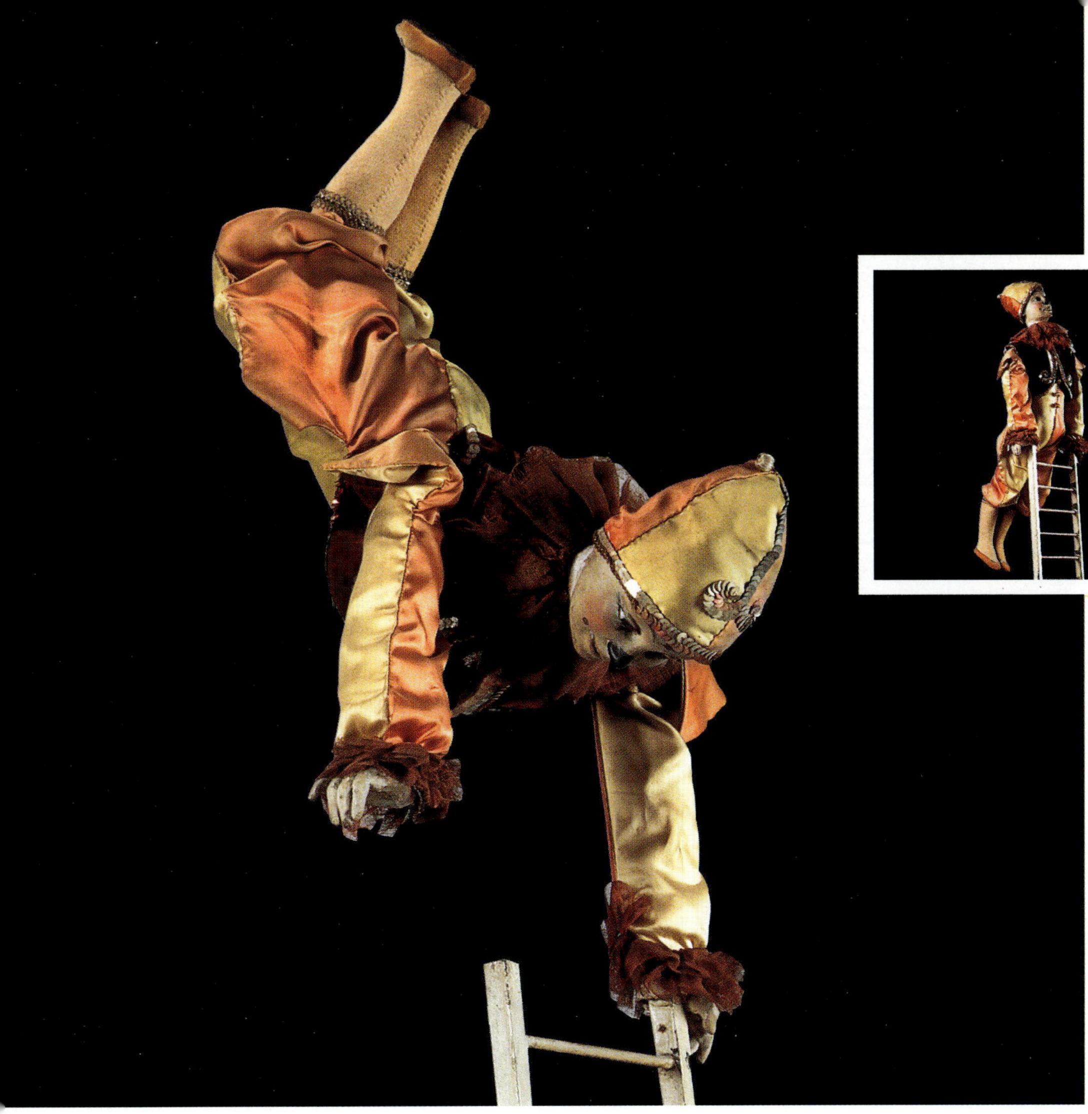

8

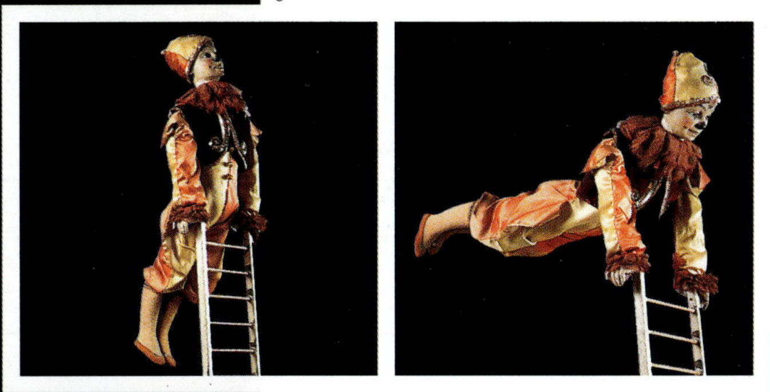

8. ***Le Clown sur une échelle,*** **vers 1900.**

9. ***Le Bébé tambourinaire de Lambert,*** **vers 1890.**
© P. Faligot.

10. ***Deux musiciens,*** **vers 1835.**
© P. Faligot.

11. ***Gymnaste,*** **fin XVIIIe s.**
© P. Faligot.

9

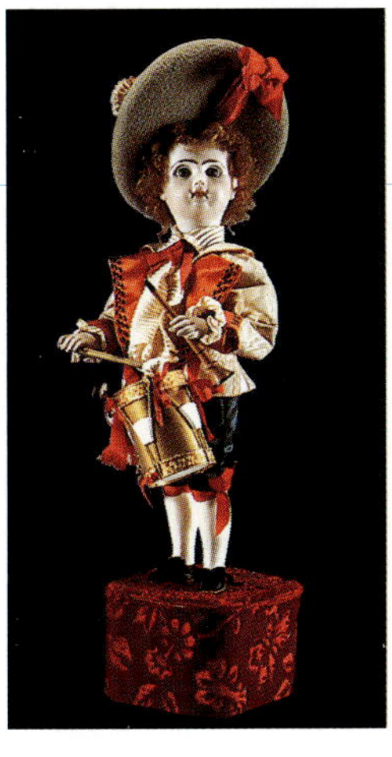

10

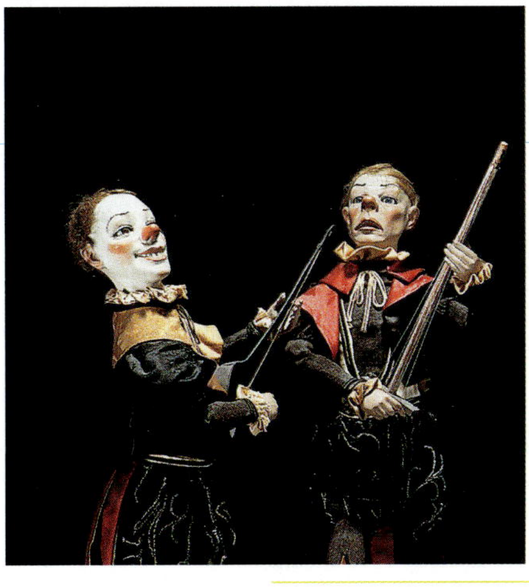

11

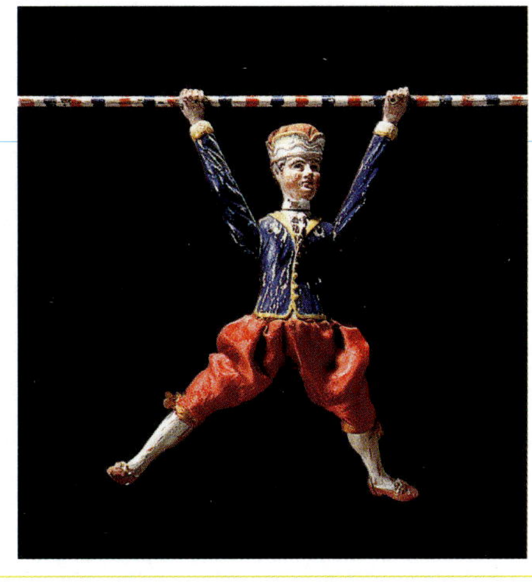

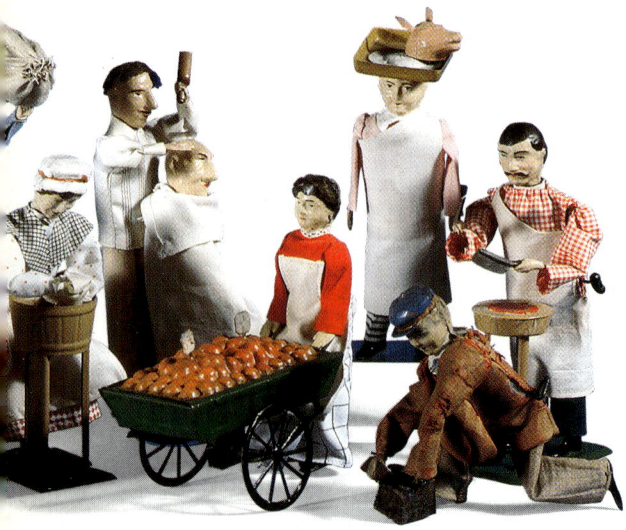

12

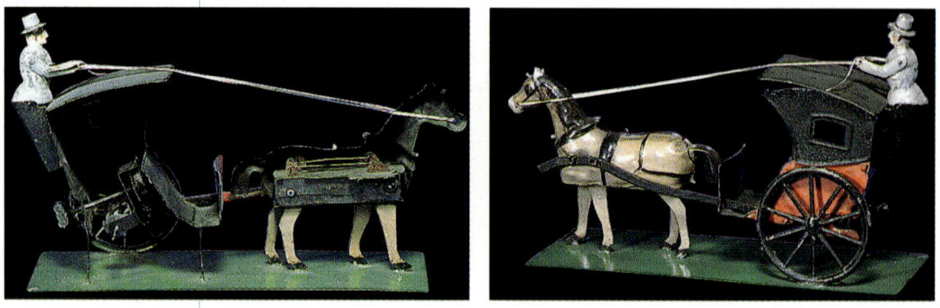

13

Roullet-Decamps, Lambert, Phalibois, s'illustrent en multipliant ces personnages de clowns, acrobates, musiciens ou encore personnages lunaires qui marquent, entre 1880 et 1914, un nouvel âge d'or des automates. L'année même de la réouverture du Musée, sa collection vient de s'enrichir – grâce au legs de madame Guilhouet – de plus de 25 pièces datant de cette période, toutes signées des plus importants fabricants. Les automates-jouets que Fernand Martin réalise à partir des années 1880 croquent ses contemporains et restituent la société de cette époque. Au-delà, ils témoignent des changement fondamentaux de cette période comme la démocratisation des jouets, les nouvelles méthodes de diffusion commerciales (vitrines ou catalogues) ou encore la fabrication en grandes séries à partir de matériaux industriels et peu coûteux. Pour mettre en valeur cet ensemble exceptionnel, élément majeur du domaine de la mécanique, l'architecte a conçu un véritable petit théâtre.
Le public découvre les automates présentés dans les vitrines autour de la salle comme dans autant de petits écrins. Certains sont animés par des dispositifs audiovisuels ou mécaniques qui permettent d'entendre leur musique ou d'en visualiser les gestes. La fragilité des pièces nécessite en effet des précautions et empêche une mise en mouvement trop fréquente.
Au centre, les visiteurs s'installent sur des gradins pour assister au spectacle audiovisuel conçu par Bernard Szajner, faisant une large place à l'émotion et au rêve que suscitent ces créations mythiques.
À heures fixes, les restaurateurs de l'équipe du Musée proposent des animations, petits voyages merveilleux dans l'histoire des automates. Avec des gestes mesurés et gantés de blancs, ils mettent en mouvement et expliquent le fonctionnement de ces créatures de mécanique et de rêve.

12. ***Différents artisans, par Fernand Martin,*** **début XXe s.** © P. Faligot.

13. ***Le Cab, par Fernand Martin,*** **1889.** © P. Faligot.

14. ***La Pompe, par Fernand Martin,*** **1897.** © P. Faligot.

15. ***L'Homme-Serpent, acrobate-équilibriste, par Decamps,*** **1934.** © J. C. Wetzel.

14

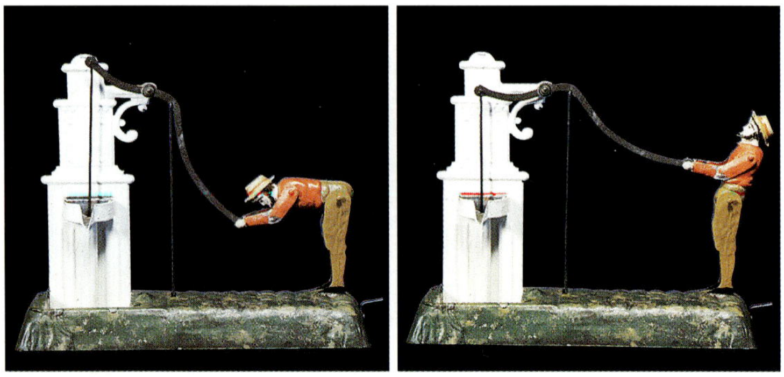

Tous les automates représentés sont regroupés dans le département mécanique.

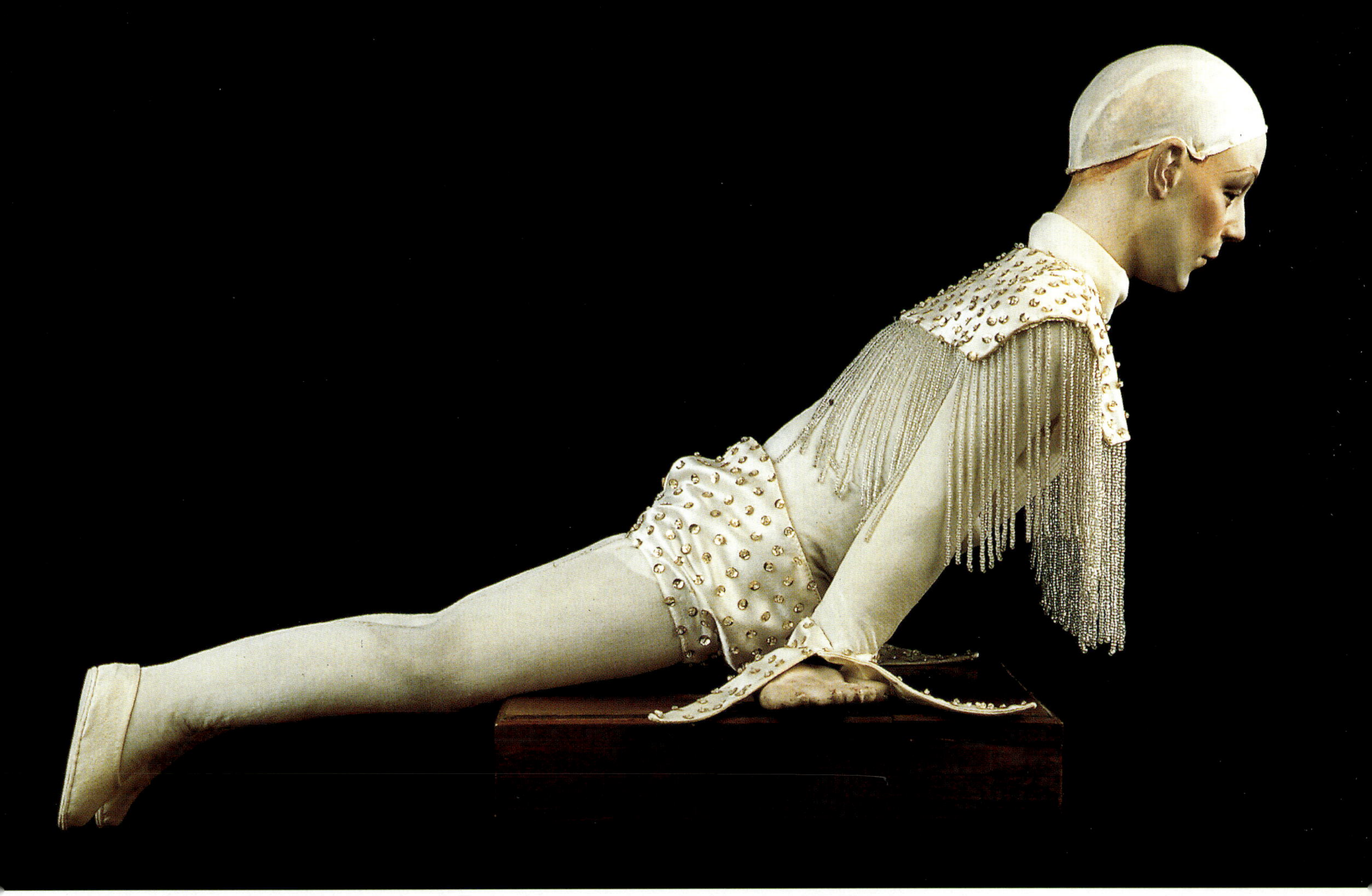

15

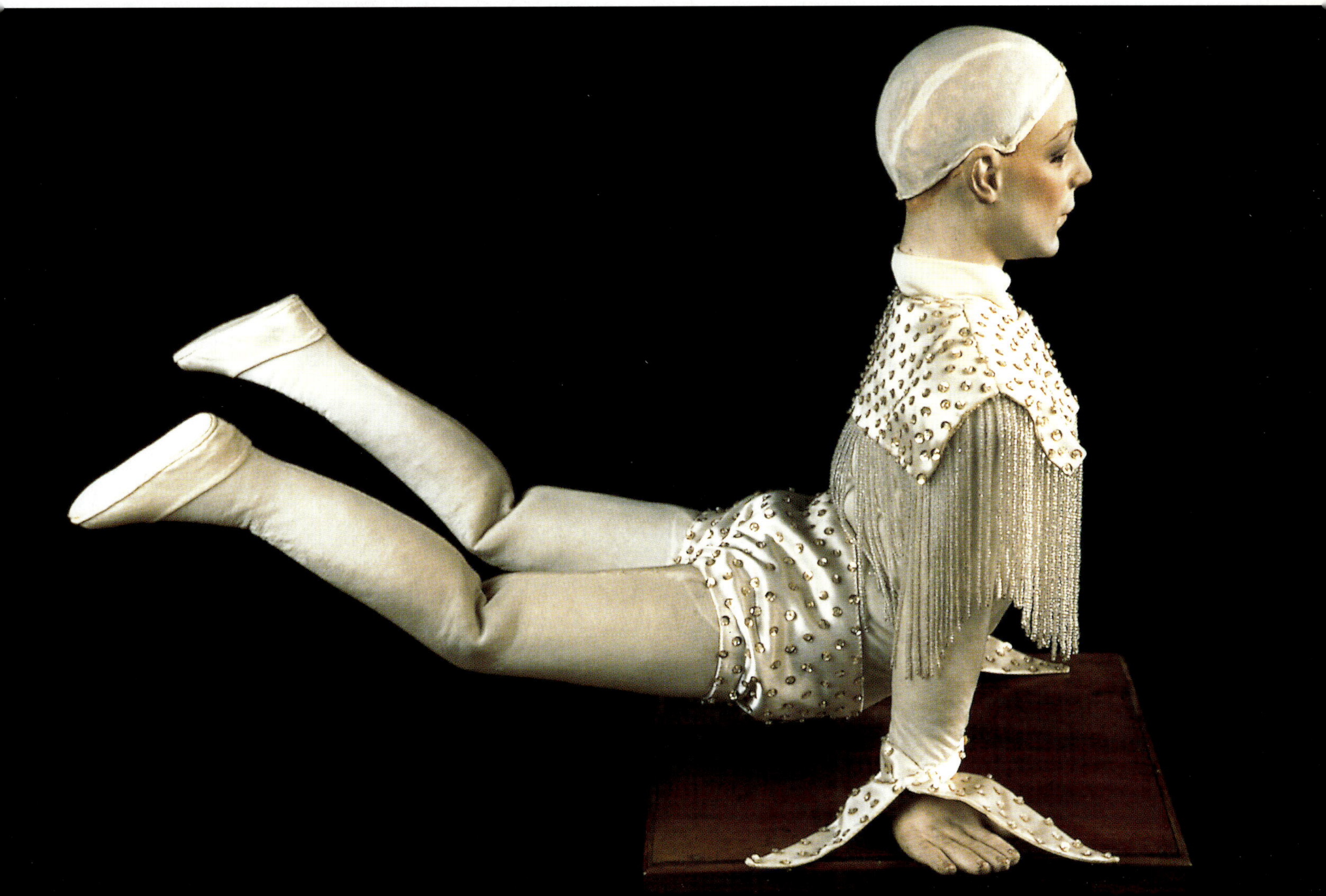

L'INDUSTRIE DE la couleur

1. *Carte de couleurs pour cotons brillants, donnée par Dolfus, Mieg et Cie en 1889.* © S. Pelly.

2. *Échantillons de produits chimiques ayant servi à l'élaboration de colorants synthétiques, par Zacharie Roussin, au cours de sa collaboration avec Rosenstiehl dans les années 1880.* © S. Pelly.

3. *Échantillons de couleurs de peintures pour céramiques, fabriqués par A. Lacroix.* © P. Faligot.

4. *Palette de dix-huit pastels à dessins inaltérables pour porcelaine et faïence, fabriquée par A. Lacroix*, vers 1880. © P. Faligot.

5. *Plaque portant des échantillons de couleurs pour la peinture sur porcelaine, par Colville, 1855.* © Fondation Paribas/ H. Maertens.

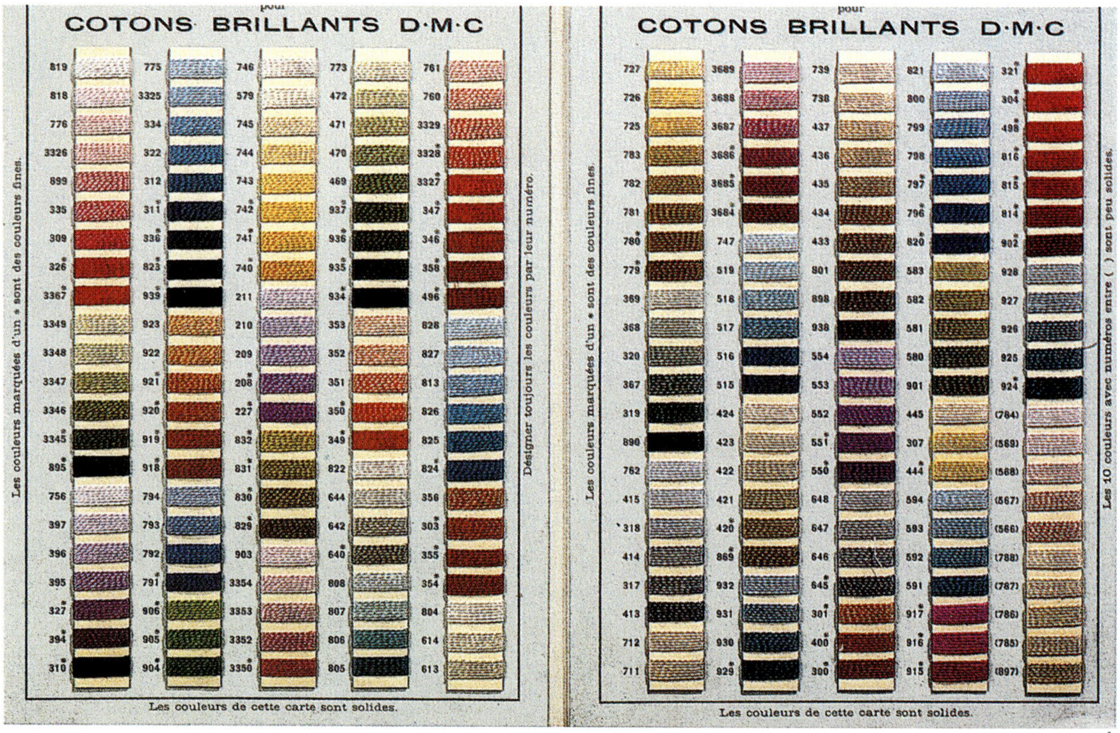

1

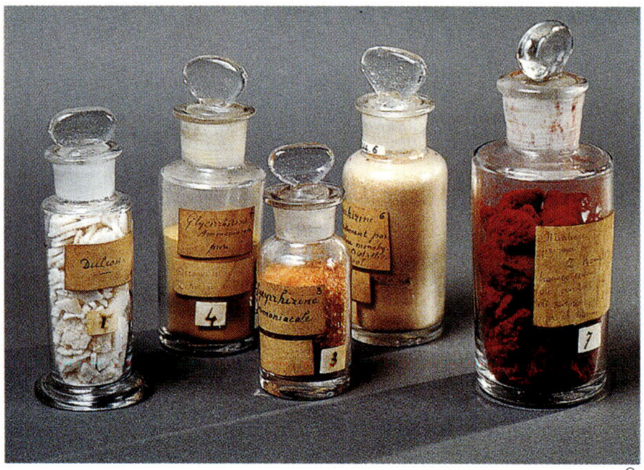
2

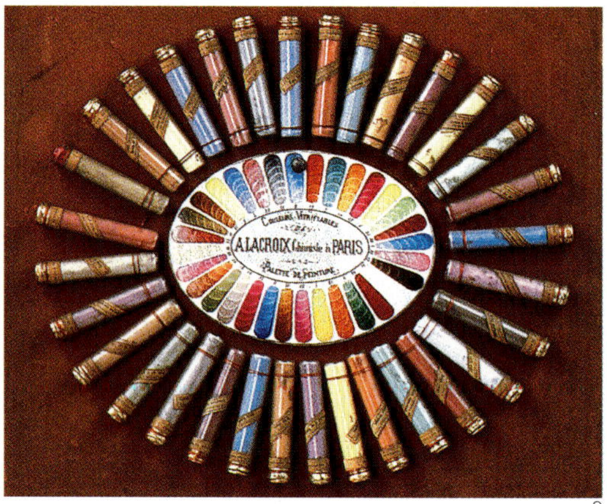

3

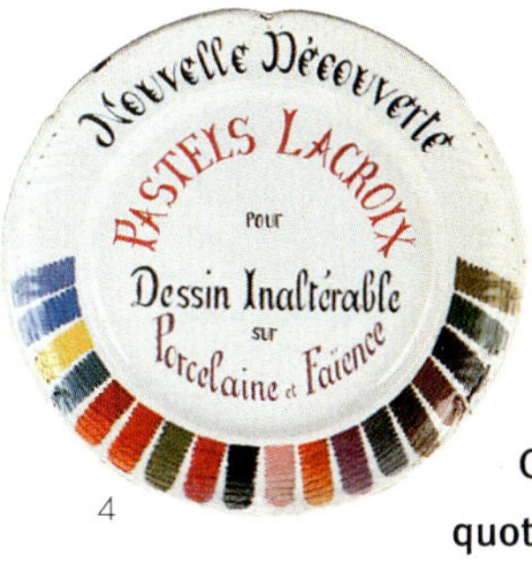

4

Depuis le milieu du XIXe siècle, la chimie des couleurs a fait l'objet d'une contribution hautement spécifique du Conservatoire à l'environnement quotidien des générations qui se sont succédé. Vêtement, vaisselle ou bâti, produits de l'artisanat, de la manufacture puis de l'industrie ont en commun que l'*Homo faber*, dès lors qu'il a œuvré, n'a jamais plus concédé à la nature qu'elle lui impose la couleur du produit fini. L'enseignement de la chimie tinctoriale à l'ère industrielle propose ici une chronique exemplaire. Il s'agissait en effet, plus qu'en mécanique, de hausser des recettes vieilles comme le monde au rang de procédés industriels. Dès les années 1830, Michel-Eugène Chevreul, chercheur, professeur de chimie au Muséum, directeur des teintures à la manufacture des Gobelins, avait habitué l'industrie à une collaboration féconde avec la recherche fondamentale. En 1852, fut créée au Conservatoire une chaire – unique dans sa spécialité – de «Teinture, impression et apprêt des tissus» (dont l'appellation a varié au fil du temps avec l'apparition de nouveaux supports de synthèse). Ses cinq titulaires jusqu'en 1974 ont valu à l'institution de tenir pendant plus d'un siècle un rôle majeur dans l'industrie française des textiles et de la mode.

Tâche d'autant plus méritoire que la concurrence européenne menaçait de battre en brèche nos secteurs d'excellence, l'industrie textile notamment. C'est ainsi qu'en 1869, deux Allemands synthétisèrent l'alizarine et rendirent aussitôt caduc le procédé industriel de fabrication de la garance naturelle mis au point peu avant par un Avignonnais (mais faut-il vraiment le déplorer ? notre chimiste de circonstance s'appelait Jean Henri Fabre, sa fortune dans l'industrie tinctoriale nous aurait privés de l'entomologiste...).

Échantillons et nuanciers, témoins de l'épopée, rappellent au visiteur qu'il n'est pas de qualité plus humaine aux objets que la couleur, dont les jeux aux variations infinies impliquent les noces lumineuses de la matière et de l'œil. *Dominique Autié*

5

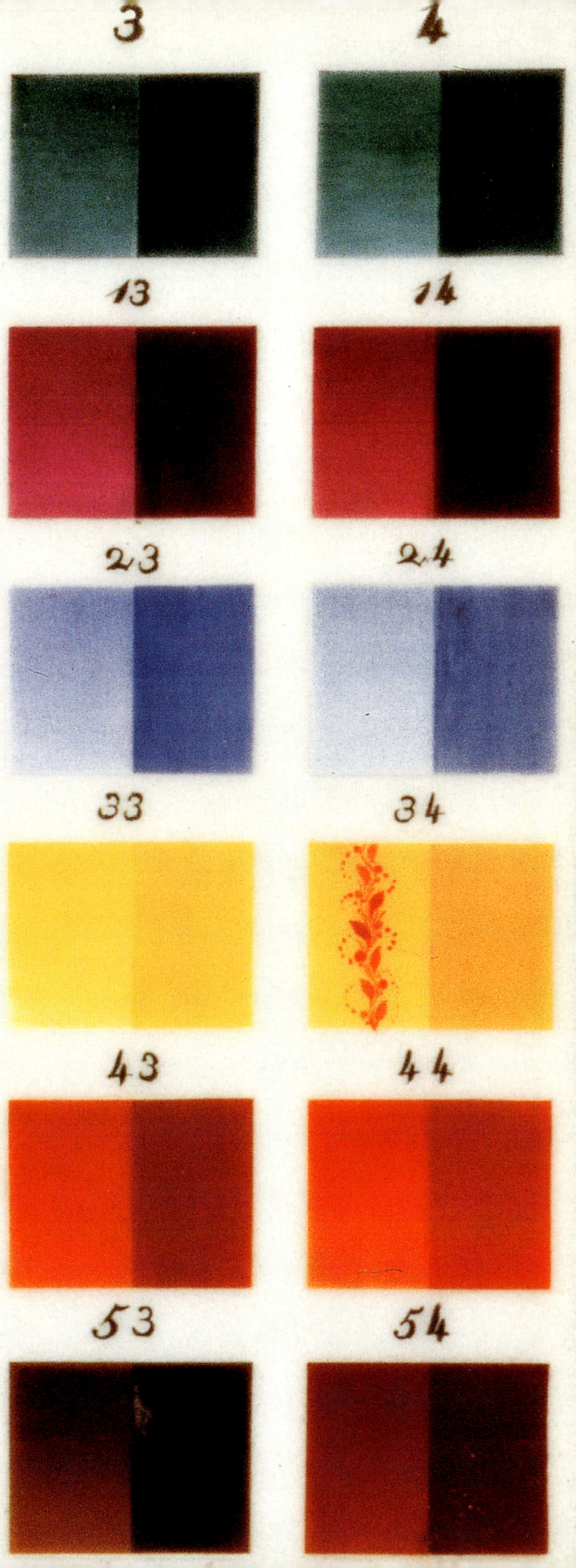

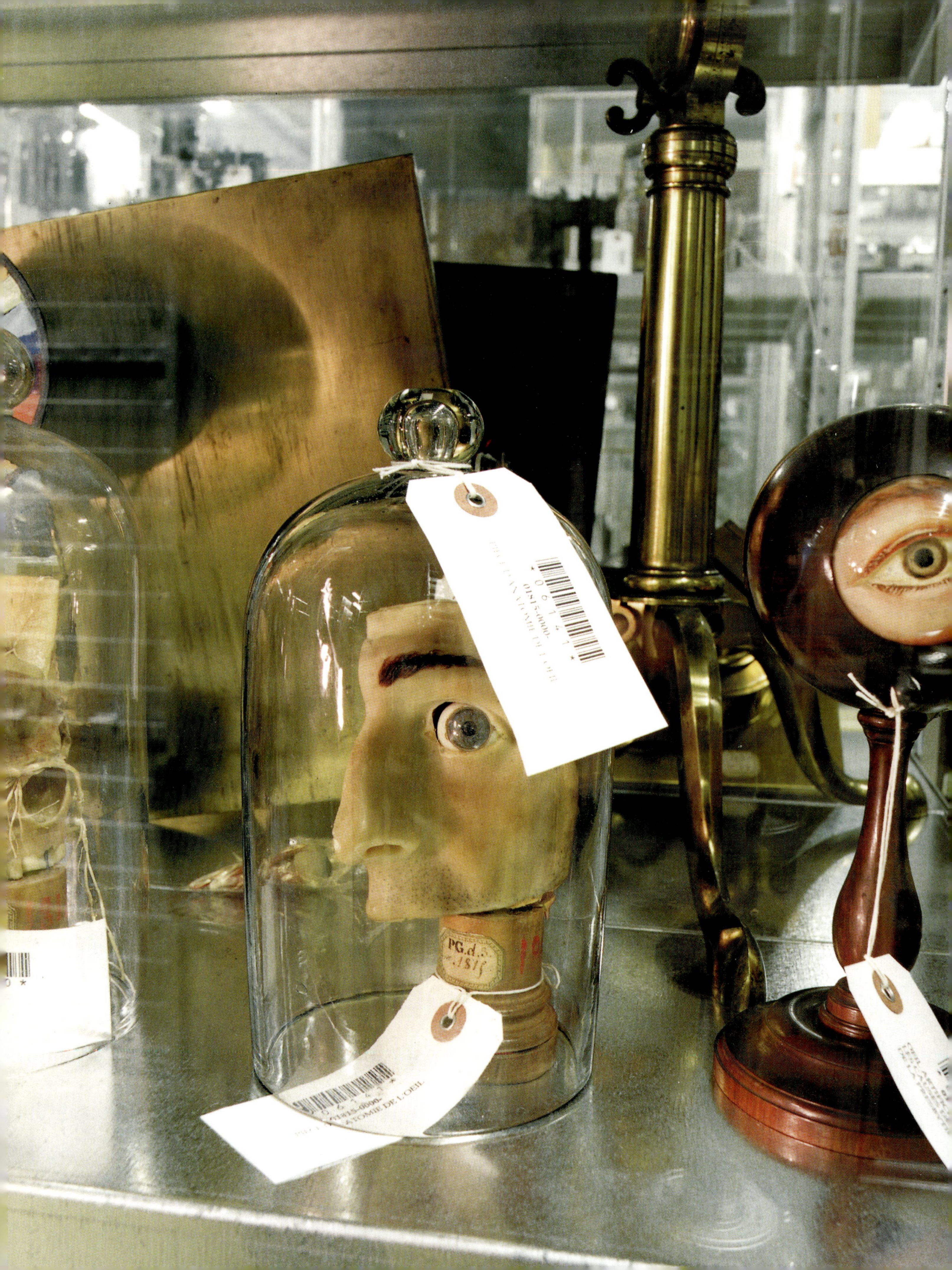

ES RÉSERVES du Musée

PAR ÉLISE PICARD | MAÎTRE DE CONFÉRENCES AU MUSÉE DES ARTS ET MÉTIERS

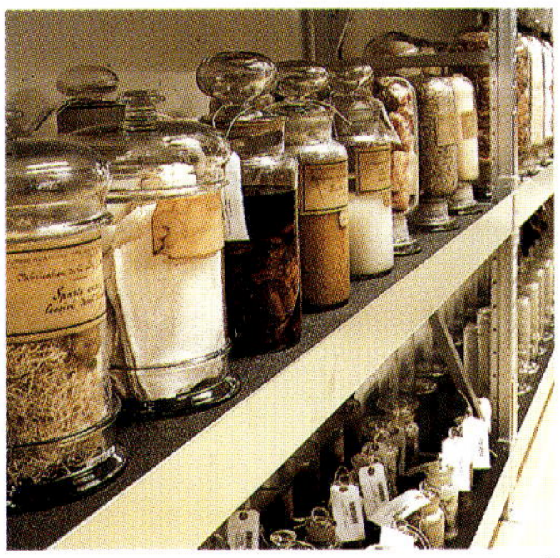
2

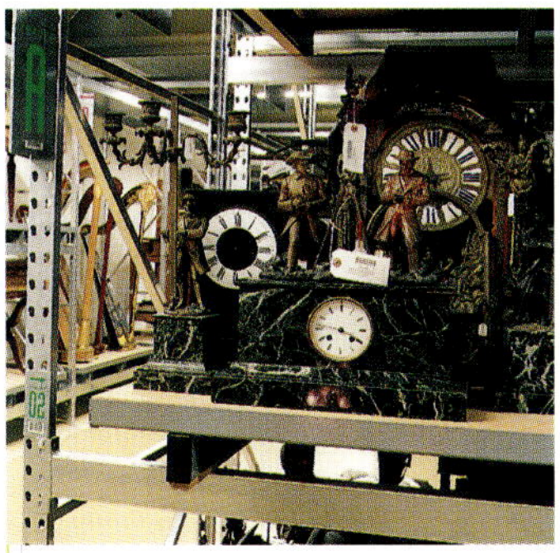
3

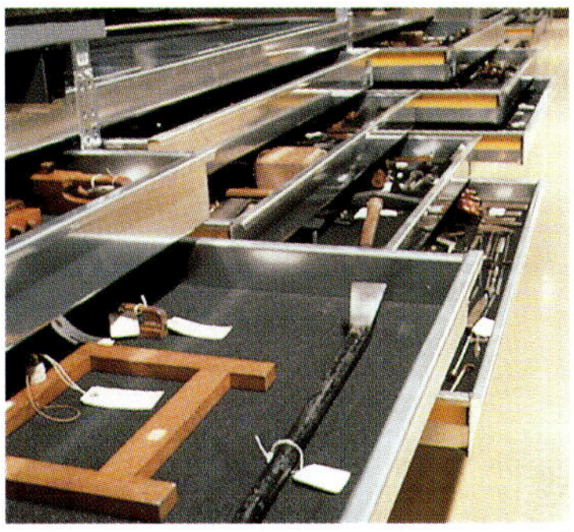
4

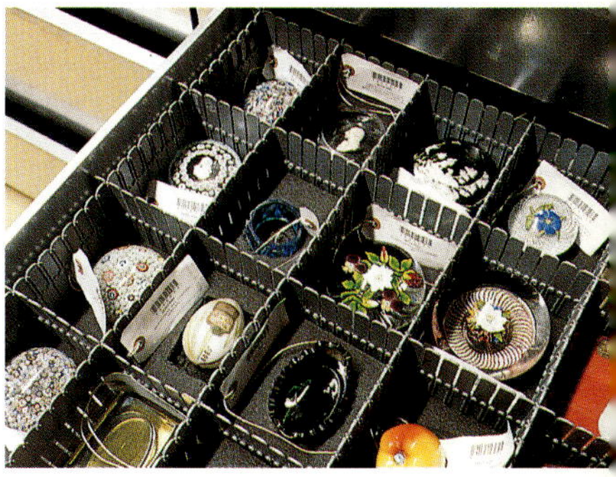
5

1. ***Vitrine avec au premier plan de gauche à droite : pièce d'anatomie de l'œil en cire; œil artificiel montrant les causes de la myopie et de la presbytie.*** © Pascal Dolémieux, Métis.

2. ***Collection d'échantillons de minéraux, bocaux de sels bruts extraits des mines de Stassfurt…*** © Frédéric Behar.

3. ***L'horlogerie, avec au premier plan une pendule Bourdaloue et des candélabres. Au second plan : cartel; mouvement d'étude de pendule électrique.*** © Pascal Dolémieux, Métis.

4. ***Outils de plâtrier, menuisier, tailleur de pierre, XIXe s.*** Réserves Saint-Denis. © Frédéric Behar.

5. ***Collection de sulfures.*** Réserves Saint-Denis. © Frédéric Behar.

6. ***Vue aérienne des réserves. Dessin de l'architecte François Deslaugiers.***

Plus de 90% des œuvres appartenant aux collections du Musée des arts et métiers n'ont pu trouver place dans le Musée rénové. Un bâtiment de 8 000 m², réalisé par l'architecte François Deslaugiers, les protège désormais dans de nouvelles réserves inaugurées en 1994, année du bicentenaire de la création du Conservatoire national des arts et métiers. Situé à la Plaine Saint-Denis, au nord de Paris, ce lieu très fonctionnel, adapté aux missions assignées aux réserves de conception récente, permet la conservation, certes, mais aussi l'étude, la recherche et le traitement des œuvres. Dans les magasins, objets et documents bénéficient d'une atmosphère contrôlée tant au plan de la température que de l'hygrométrie et du filtrage de l'air. Un système de gestion par code à barres y assure, dans des conditions de parfaite fiabilité, l'enregistrement automatique des mouvements d'œuvres dont l'accessibilité a été partout privilégiée. Différents espaces sont affectés au traitement des collections : emballage, décontamination, quarantaine, ateliers de restauration spécialisés, de préparation d'expositions, studio et laboratoire photographiques, bureaux, salles de documentation, de catalogage et de consultation. Avec ce réservoir culturel, véritable outil de recherche, le Musée a les moyens de mettre en œuvre une réelle politique d'ouverture permettant la visite des réserves par les chercheurs, spécialistes, historiens, étudiants et muséologues qui peuvent y être accueillis sur rendez-vous.

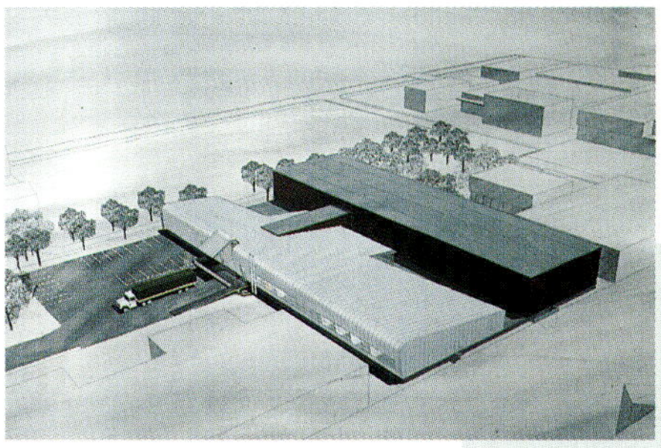
6

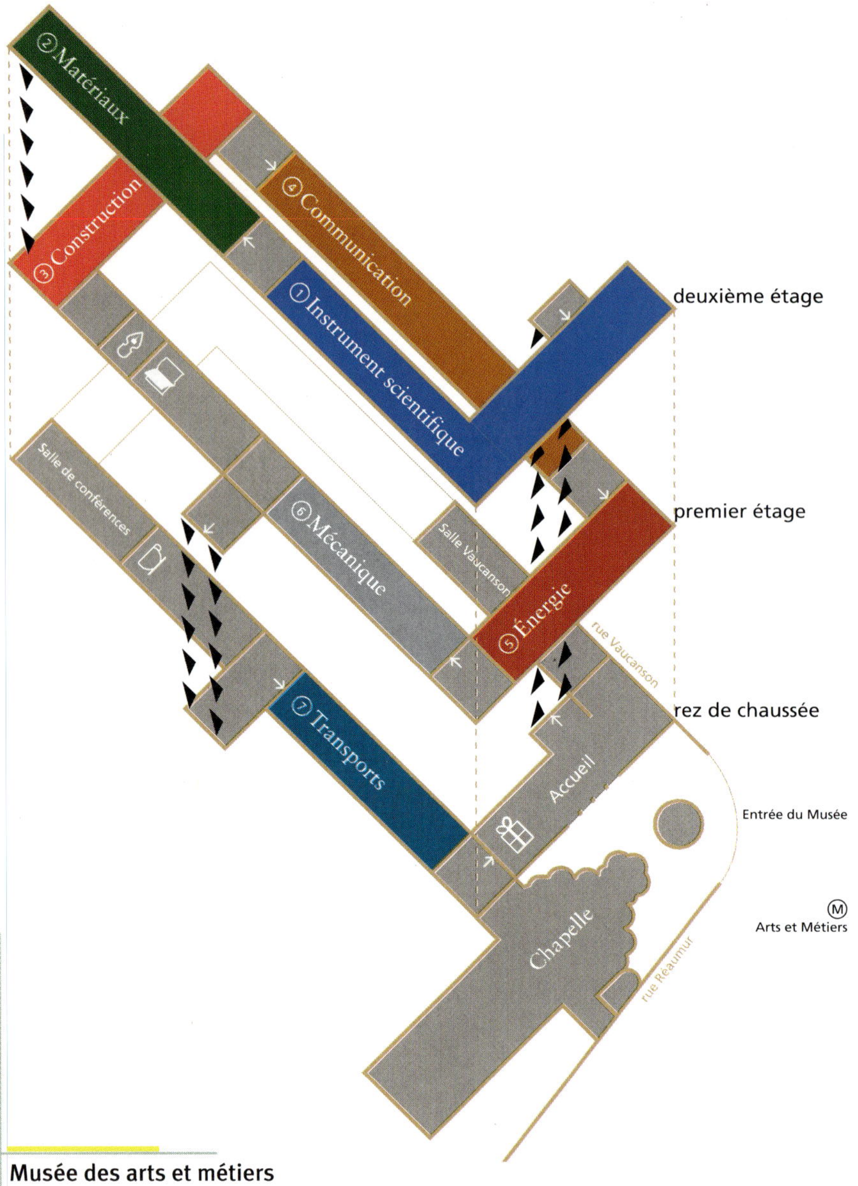

Les numéros hors-série Beaux Arts magazine sont édités par Beaux Arts SA.
Président-Directeur général : Charles-Henri Fla
Directeur de la publication : Jean-Christophe
Directeur de la rédaction : Fabrice Bousteau.
Rédacteur en chef adjoint : Caroline Lesage.
Iconographie : Agnès Cuchet et Julie Le Borgne.
Conception et rédaction graphique : Christel Lucarz
Secrétariat de rédaction : Isabelle Gilloots et Lisa Davidson pour la version anglaise.
Version anglaise : Lisa Davidson.
Création et fabrication : directeur : Alain Alliez, assisté de Marie-France Wolfsperger.
Marketing : Isabelle Canals-Noël.
Tél. : 01 56 54 12 35. Fax : 01 45 38 30 61.

Beaux Arts magazine, tour Montparnasse, 33, avenue du Maine, 75755 Paris, Cedex 15.
Tél. : 01 56 54 12 34. Fax : 01 45 38 30 01.
RCS Paris B 404 332 942.
ISSN : 0757-2271. Dépôt légal : décembre 1999.
Impression : Berger-Levrault, Toul.

Nous remercions toute l'équipe du Musée des arts et métiers pour l'aide précieuse qu'elle a apportée à la réalisation de ce numéro ainsi que les équipes de la bibliothèque et de l'agence photographique du Musée. Merci également à Rebecca Reid pour sa relecture de la version anglaise, à Marine Laurance et à Gaïa Donzet pour leurs recherches documentaires

Le Musée des arts et métiers fait partie du Conservatoire national des arts et métiers, grand établissement public d'enseignement et de recherche
Adresse postale : 292, rue Saint-Martin, 75003 Paris.

Les éditions du Musée, notamment *la Revue* trimestrielle et *les Carnets* pédagogiques, sont disponibles au CNAM et en librairie.

Musée des arts et métiers
60, rue Réaumur 75003 Paris. Métro : Arts et Métiers.
Tél. : 33 1 53 01 82 00. Fax. : 33 1 53 01 82 01. Internet : http://www.cnam.fr/museum/

Ouvert tous les jours sauf les lundis et les jours fériés de 10 heures à 18 heures.
Nocturnes les jeudis jusqu'à 21h30.

Entrée : 35 F. Tarif réduit : 25 F. Famille (2 adultes + 2 enfants de plus de 5 ans) : 100 F.
Groupes scolaires (sur réservation) : 15 F par enfant, gratuit pour les enfants de moins de 5 ans, les titulaires de certaines cartes professionnelles, les Amis du Musée.
Le billet d'entrée au Musée donne accès aux expositions temporaires.